Musikanten spielts auf!

PARC

Georg Lohmeier

Musikanten spielts auf!

Heitere Geschichten aus der Volksmusik-Szene
Mit Illustrationen von Angerer dem Jüngeren

PARC

Schrift
Garamond, 13 Punkt
Papier
115 g Arctic Volume
Georg Lohmeier, Angerer der Jüngere
Deutsche Erstveröffentlichung 2001
© P A R C Verlag, Christoph Werr, Vachendorf
Alle Rechte vorbehalten
Gestaltung, Satz und Druck
Werr. 83377 Vachendorf, www.werr.com
ISBN 3-922927-17-3

Inhalt

Die Traum-Musik, eine Einführung	6
Kapelln is Kapelln	12
Der Bombardon und sein Sohn	21
Der Blickkontakt	29
Die Lippenfestigkeit	37
Die Damenkapelle	45
Die Bekehrung	55
Wastl, das Universalgenie	68
Der beleibte Posaunist	78
Reiß ma' oan oba!	89
Die Wallfahrt	99
Der Instrumenten-Händler	111
Das Familienorchester	120
Fall in keinen Briefkasten!	128
Theatermusik	138
Die Fahnenweihe	147
Der Jungfernsprung (Oder der Musihansi)	155
Die Posaunen-Englein	164
Das zweite Glück	171
Am Grab eines Musikanten	179
Der Pfandlbräu	189
Besuche von Musikantengräbern	198
Das Ernte-Bier	207

Die Traum-Musik,
eine Einführung

Jeden Dienstagabend war Probe. Die Loher Musikanten, alle gerade etliche Wochen angelernt, übten mit großem Eifer den Erzherzog-Albrecht-Marsch und einen alten Landlerischen, vielleicht sogar das Hirtamadl. Später wagten sie sich an den Defiliermarsch und an den Wechseltanz »der Schweinerne« heran. Bald gelangen ihnen auch schon der Tölzer Schützenmarsch, ein Marsianer und ein Rheinländer. Auch den »Alten Kameraden« probten sie mit trauererweckendem Gefühl. Es wurden ja in den frühen dreißiger Jahren viele alte Krieger begraben. Es sind auch die Veteranentage immer mehr geworden.

Diese Musikantenproben dauerten meistens von halb acht Uhr bis um Elfe. Und ich lag über der Gaststube in meinem Bettstaderl und sollte schlafen. Aber ich hörte es, wenn der Bombardon einen falschen Ton herausgelassen hat. Auch wenn die Begleiter einen Viertel-Takt nachgehunken sind. Ich war mit Abstand der Jüngste von fünf Buben. Und mein ältester Bruder

Nikolaus fungierte mit seiner C-Trompete als Kapellmeister. Die Nachbarsbuben waren ihm oft zu langsam. Auch mein Bruder Michael mit dem großen Baß wurde von ihm zur Eile getrieben. Aber der Mich kannte die Märsche selber gut, denn er war kein schlechter Zitherspieler. Auch die Gitarre hat er beherrscht. Bruder Sepp blies die Trompete oder das schwierige Tenorhorn. Wir waren ein musikalisches Haus, denn schon Vater und Großvater konnten ziemlich gut zitherspielen. Ja die Urgroßmutter, eine geborene Brandlhuberin vom Sobaldenhof, hat es als junges Mädchen um 1825 schon lernen dürfen.

Bruder Nikolaus konnte auch ein wenig Orgel spielen und in der Flötz stand ein altes Tafelklavier, auf dem allerdings oft das abservierte Geschirr abgestellt wurde. War die Stube voller Leut', spielten am Sonntagnachmittag die Brüder die Zither, der Nikolaus zupfte die Baßgeige und der Krämer-Mathias strich die Violine. Den Part sollte ich einmal übernehmen. Und ich mußte schon früh beim Klarinetten-Wastl in die Geigenstunden gehen. Bis ich dann zum Pfarrerstudium nach Freising auf dem Domberg gekommen bin, mich als Geiger vorstellte und der Musikpräfekt Radecker mich – noch vor dem Vorspiel – rasch und nebenbei – gefragt hat: »Wie heißt der erste Finger auf der E-Seite?« – »Zeigefinger«, habe ich gesagt anstatt »f« – wie der Radi erwartet hatte. Der Vater griff nicht selten zum Zither-Ring und hat einen »heruntergerissen«. Am liebsten hörten wir von ihm einen ganz alten Landler voller Rhythmik. Den hätte der Großvater immer gern gespielt. Es war sein Lieblingsstück gewesen. Und er soll gesagt haben – um 1860/66 – daß dieser schleiferische Walzer direkt zum Tanzen hingerissen hätte. Und er hat gemeint: »Wenn sie mir einen Gulden auf die Zither gelegt haben«, daß dann der »Kreigadern« seine rechte Resonanz erst hergegeben hätte.

Als kleines Kind aber, die Jahre vor der ersten Klasse, hatten sich jeden Dienstag, drei-vier Stunden lang, durch die hölzernen Bretter des Oberstubenbodens und des Plafonds des Bräustüberls beim Bräu z'Loh die besten alten Landler, Marsianer, Märsche, Polka, Rheinländer und Zwiefache im Halbschlaf tief in meine Seele eingeprägt. – Die Kapelle gibt es heute noch, wenn auch die Söhne, Töchter und Enkel die Instrumente bedienen.

Selbstverständlich ist bei uns auch gesungen worden. Am lautesten am Sonntagnachmittag nach dem Rosenkranz. Da hab' ich abseits im Sandloch mit meinem Freund Xaverl gespielt. Erst war es ziemlich ruhig gewesen und man hat wenig gehört von der Gaststube her. Gegen vier Uhr – meistens bei der dritten Halbe –

hat es dann schon gesummt. Und gleich drauf haben einzelne Herren das Singen angefangen. Den Schmied Sepp mit seiner hohen Tenorstimme hat man am lautesten herausgehört: »Dort wo die Glocken klingen hell, in diesem Tal liegt Bayerischzell!« Dabei waren es nach Landshut nur 35 Kilometer.

Und dann kam das traurige »Morgenrot, Morgenrot, leuchtest mir zum frühen Tod«. Als die Wacht am Rhein geplärrt wurde, hat schon die ganze Stube mitgesungen. Es folgten die drei Lilien – drei Lalien. Dann das Wandern ist des Müllers Lust. Und »So bleib' doch hier und geh' nicht fort, in meinem Herzen ist der schönste Ort.«

Volksmusik war das keine, das wußten wir alle. Aber gegen eine Gaststube voller Biertrinker in einem Brauereigasthof hätte der Kiem Pauli mit den Waakirchnern nichts ausrichten können. Je heißer es war, desto lauter wurde gesungen. Mir haben viel besser die Orchestermessen in der Pfarrkirche gefallen. Manchmal durften sich da auch etliche Bläser hören lassen.

Man soll seine Anfänge nicht verleugnen. Als im Seminarorchester die Oberklassen schon eingerückt waren, versetzte mich der Hochwürdige Herr Dom-Kapellmeister Geisenhofer – von uns der Goaserer genannt – von der Violine weg zum Cello hin. Er persönlich gab mir etliche Stunden und sagte dabei:

»Ach was plagen wir uns mit den Lagen herum? Nur mutig hinaufgerutscht!« – So hat sich mein ursprünglicher Kindheitstraum, Geiger im Staatsorchester zu werden, doch nicht verwirklichen lassen. Träume sind Schäume. Ich wollte und sollte ja Geistlicher werden. Und jetzt, am Ende meines erfolgreichen Schriftstellerlebens, bin ich Moderator der Volksmusik am Bayerischen Rundfunk.

So hab' ich übrigens vor 50 Jahren bald beim tüchtigen Hans Seidl anfangen dürfen. Damals hatte ich den Ehrgeiz – als Student der Geschichte, Kunstgeschichte, Literatur und Theaterwissenschaften – alle Zwischentexte in Versen aufzusagen. Und ich bekam dafür 70 Mark. An einen Vers erinnere ich mich noch gut. Es ging um die Kirchweihmusik, bei mir besonders um die »Kirtahutschn«. Ich hab' damals gereimt: »D'Hutschn geht laut, daß die Dirndln schrein – und die Resi muaß gar schon speibm. – Sitzt a ganz kloans Dirne aa hiebei, hat an Kirtaküache drin im Mäui.«

Der Chef der Hauptabteilung Musik, Herr Georg Kanewischer, ist damals mein Förderer geworden und hat mir zum zweiten Tag des Fernsehens 1954 bereits das Drehbuch zu einem Singspiel schreiben lassen. Es hieß freilich »Tarantella« und begnügte sich mit »volkstümlichen Melodien aus Italien zur Zeit Verdis«. Das war ja sein Doktorthema gewesen.

Beim »Nagerlstockrucka« durfte ich neben dem Kiem Pauli schon einmal auftreten. Und den Fensterstockhiasl erläutern. Ein weiteres Unternehmen mit Kanewischer war dann das Musical »Die Sterne lügen nicht« und die Bremer Stadtmusikanten. Musik von Peter Schranner. Nach Seidls Weggang wurde das alles gelöscht.

Hans Seidl wurde entlassen, weil er als Abteilungsleiter etliche alte König-Ludwig-Lieder bearbeitet hatte. Heute wäre die Rechtsabteilung des Bayerischen Rundfunks nicht mehr so empfindsam.

Natürlich sind die folgenden Musikantenstückl in bayerischer Mundart erzählt. Aber in der Schreibweise doch dem Deutschen angeglichen. Man weiß ja als Altbayer, wie der Engländer in seinem Idiom, wie man das geschriebene Wort ausspricht: Spielts auf, schreibt man und spuits auf spricht man.

Kapelln is Kapelln

Obwohl unsere Musik nichts zu tun hat mit der Woillersdorfer Muttergotteskapelle, die am Zusammenfallen ist, weil der Dachstuhl näßt, der Fensterstock verfault ist, man die Tür nicht mehr zumachen kann und die Statue haben sie auch gestohlen, mag unser Baßtrompeter, der brave Xaverl, der fast allerweil ein schweigsamer Mensch ist, eine stille Natur, mag er also einmal sagen: Kapelln is Kapelln. Und indem unsere Blasmusik sich die Woillersdorfer Kapelle nennt, meint er, stünde es uns nicht schlecht an, wenn wir die Muttergotteskapelle renovieren und wieder herrichten ließen. Wir Musikanten sollten das, denn Kapelln wäre Kapelln.

O mein Xaverl, da sind wir gleich dagegen und sagen nein. So eine Renovierung geht uns überhaupt nichts an. Wir sind eine Blaskapelle und keine Muttergotteskapelle. Aber der Xaverl gibt nicht auf. Immer wieder bringt er seine Meinung vor: Kapelln wär Kapelln. Wir haben ihn bald durchschaut. Seine Tochter Veronika

ist von ihrem Mann verlassen worden. Der Verdruß in seiner Familie läßt sich denken. Wo noch dazu sein Bruder, der Michl, Kapuzinerpater in Altötting ist. Und vor drei Jahren die Veronika getraut hat. Und ist die Braut damals mit ihrem Feldwebel sehr stolz gewesen. Mit dem Degen gleich haben die Kameraden ein Spalier gebildet beim Verlassen der Kirche. Und wir haben geblasen. Natürlich tut einem Vater so etwas weh. Und hat der Kapuzinerpater Michael neulich, während der Ostertage daheim die Predigt halten dürfen und hat auf seinen Bruder Xaverl hin gesagt: Es gibt nicht nur körperliche, es gibt auch seelische Schmerzen und große Leiden. Aber gerade diese Schmerzen und Leiden soll man mit Geduld, ja mit Freuden tragen. Seitdem spottet unser Trompeter: »Xaverl, da kannst nix macha, das sind die Freuden des Leidens«.

Seine Veronika indess hat schon wieder einen neuen Freund. Diesmal den Zimmermann Nikl, unseren Hornisten. Sie wohnt noch nicht direkt bei ihm, aber man weiß es ja nie nicht, ob sich da nichts Ernsthaftes zusammenspinnt. Und das Handwerk hat, wenn auch keinen goldenen Boden, einen wertvolleren jedenfalls, wie das Militär. Dadurch, meinen wir alle, daß der Xaverl mit dem neuen Dachstuhl der Muttergotteskapelle bereits weiter spekuliert. 1 000 Mark oder 500

Euro hätt' er bereits allein zusammengebettelt. Die restlichen ca. 30 000 Mark sollten wir zusammenblasen. Weil Kapelln wär Kapelln.

20 000 verlangt der Zimmermann Nikl für den Dachstuhl. Für das Kupferdach kämen nochmal 6 000 dazu. Für den Fensterstock 4 000 und für die Reparatur der Tür vielleicht auch so viel. Dann fehlt noch der Boden und es fehlen zwei Betstühle. Eine neue schmerzhafte Muttergottes müßte selbstverständlich auch angeschafft werden. Am besten in Oberammergau. Das macht in Summa gute 38 000 Mark oder 19 000 Euro.

Da sagen wir gleich nein. Wir sind eine Blaskapelle und keine Muttergotteskapelle. Das ist ein Unterschied lieber Xaverl!

Da erwiderte er, der Schweigsame: »Wir könnten ja zum Beispiel unsere Musikproben im neuen Pfarrsaal abhalten und dazu fünfzig Euro Eintritt verlangen! Außerordentlich, zur Restaurierung von der Muttergotteskapelln. Indem wir uns einfach sagen: Kapelln ist Kapelln«.

Ein Feinspinner. Vier Kollegen hat er schon umgestimmt. Darunter den Zimmermann Nikl, der gerade die Meisterprüfung bestanden hat und ein eigenes Geschäft aufmachen will. Wir, die Mehrheit, sind aber immer noch dagegen. Darunter der Herr Kapellmeister, die beiden Posaunisten und wir, die führenden Trompeter.

Das hat ihm alles nicht imponiert. Die Kapelln-Restaurierer sagen es sogar offen heraus, daß der Nikl die Zimmermannsarbeiten kriegen müßte. Das haben wir uns schon gedacht. Weil wir dem Xaverl seine Veronika immer öfter beim jungen Herrn Zimmermann gesehen haben. – Aber wir sind bei unserem Nein geblieben.

Jetzt wie der Herr Pfarrer von dem Plan hört, ist er Feuer und Flamme. Er verkündet die teuren Musikproben von der Kanzel herab und wir können jetzt schlecht noch nein sagen. Also fügen wir uns und nennen unseren Xaverl den allergrößten Spitzbuben und Feinspinner weit und breit. Weil unser Herr Pfarrer auch noch verkündet hat, es könnten auch zwei und dreihundert Mark beziehungsweise Euro Eintritt bezahlt werden. Ja noch mehr würden entgegengenommen werden, indem Kapelle wirklich von Kapelle kommt. Und unsere Musikanten, sagt er, recht haben, wenn sie »Kapelln is Kapelln« sagen. Schon deswegen wären wir die besten Musiker weit und breit.

Sogar ich hab mir jetzt nicht mehr nein zu sagen getraut. Aufgeregt sind wir worden wie noch vor keiner Musikprobe. Weil uns der Herr Pfarrer in der Probe zur Probe allerweil dreingeredet hat. Wir hätten Fastenzeit und sollten keine zu lustigen Stückl spielen. Von den Märschen hat er nur dem Kiem Pauli den seinen gestattet. Und nur einen einzigen Zwiefachen. Aber unser Kapellmeister hat ihm widersprochen. »Hochwürden«, hat er gesagt, »wir müssen die Leut' für das Geld unterhalten. Und fasten in der Fastenzeit muß man mit Humor.« – Darum haben wir auch das Hirtamadl, den Kickeriki und den Schweinern gespielt. Da hat er freundlich genickt: »Ei freilich, das Fasten ist eine Lust, wenn unsere Blasmusik aufspielt ganz gewiß.«

Ja, besonders für unseren Xaverl wurde das Familienleid eine Freude. Weil sein künftiger Schwiegersohn, der Nikl, selbstverständlich die Arbeiten an der Woillersdorfer Muttergotteskapelln gekriegt hat. Von mir aus! – Als Baßtrompeter ist er in unserer Kapelle sowieso ein alter Hut.

In der ersten Prob' haben wir elftausend Mark zusammengebracht! In der zweiten neuntausend. Wir haben alle den Kopf geschüttelt. »Die haben das nicht wegen unserer schönen Musik bezahlt! Nur wegen dieses raffinierten Werbespruches: Kapelln is Kapelln!« seufzte der Meister. Und wir haben ihm recht geben müssen.

Unseren Xaverl hat der Erfolg narrisch gefreut. Der Nikl hat die Arbeiten übernommen. Und die Veronika mit ihrem Buben ist ganz zu ihm gezogen. Das alles hat unseren Baßtrompeter und Vater glücklich gemacht, daß er ganz übermütig geblasen hat, obwohl er nur ein altmodischer Begleiter gewesen ist. Unser Herr Kapellmeister hat ihn etliche Male vermahnen müssen: »Ruhe, aus! – Die Baßtrompete war viel zu laut. Und bitte, Xaverl, spiel nur das, was in deinem Blatte steht!«

So hat sich der Feinspinner doch blamiert und wir alle haben geschmunzelt. Ja, sag' ich, jetzt fehlt halt nur noch eine schmerzhafte Muttergottes-Statue. – »Die stift' mei Tochter!« hat der Xaverl vorschnell geantwortet. Da hat er sich wieder verraten und wir haben abermals gelächelt.

Die Veronika ist mit ihrem Nikl dann tatsächlich nach Oberammergau gefahren und hat eine schöne Maria mitgebracht mit dem vom Kreuze abgenommenen Jesus auf dem Schoße. 2 000 Mark hätt's gekostet. Und da hätt der Nikl dreihundert Mark – oder 150 Euro – heruntergehandelt.

»Ja no, eine leere Kapelln ist nicht einmal als schmerzhafte Muttergotteskapelln interessant«, meinte dazu unser Herr Kapellmeister.

»Ehvor wir die Kapelle einweihen«, sagte der Herr Pfarrer, »ehvor muß sie innen und außen noch schön heruntergeweißelt werden.« Das übernimmt unser Posaunist, der Seppi. Er hat ja ein Malergeschäft.

»Aber nicht umeinsonst, bitte. Ich hab dem Bonbardon seine Tochter geheiratet.« – 6 000 Mark oder 3 000 Euro hat er verlangt. Jetzt haben wir nochmal in den Apfel beißen müssen und haben im Postbräusaal mit unserer Kapelln ein Benefizkonzert für die Kapelln gehalten. Wir haben in der Zeitung inseriert und haben tatsächlich nochmal 8 000 Mark zusammengebracht. Unser Motto war diesmal direkt: Kapelln is Kapelln! Und es sind für uns 12 Mann auch noch 2 000 Mark übrig geblieben.

Hat der Xaverl mit seiner Hinterkünftigkeit einen Erfolg gehabt. Er hat sein Familienleid in eine neue Familienharmonie verwandelt. Weil er nicht so dumm ist wie er hinter seiner Baßtrompete ausschaut. Und weil der Nikl die Veronika schon vor ihrer unglücklichen Ehe gern gesehen hat. So etwas gibt es, wenn der Vater auch ein total überflüssiges Instrument blast.»Nicht bin ich überflüssig, denn ich bin ein Begleiter. Und ein Begleiter ist überall gern gesehen. Auch ein musikalischer.« Er hat auf einmal wieder einen Humor. Außerdem ist der Baßtrompeter wieder im Kommen.

Freilich, sein Hochwürdiger Herr Bruder, der Kapuziner aus Altötting ist nicht ganz zufrieden gewesen. Er hat dem neuen Ehepaar, das vorne am Altar gestanden ist – die Braut Veronika sogar in weiß – er hat ihnen eine Heilige Messe gelesen, aber nicht das Sakrament der Ehe gespendet. Das hat niemand weiters gestört, denn wir haben dazu die wunderschöne Schubert-Messe geblasen. Da haben die andächtigen Verwandten sowieso geweint: schmerzhaft hin, schmerzhaft her: Kapelln is Kapelln.

Der Bombardon und sein Sohn

Wenn wir wenigstens unsere harmonische, schöne Musik erhalten können! Aber mit meinem Buben hab ich da mein Kreuz. Mit siebzehn war er ein erstklassiger Klarinettist. Und die Zither hat er auch beherrscht. Und heut? Er will von uns nichts mehr wissen, kommt nicht mehr auf die Probe, erscheint bei keinem Konzert, bei keiner Fahnenweihe, spielt nicht einmal mehr beim Trachtenkranzl mit. Ich blas' seit achtunddreißig Jahren den Baß, mein Vater war 53 Jahre lang das Fundament unserer Musik. Der Großvater hat den Bombardon bereits geblasen! Und er, unser einziger Sohn, der Bartl, er meckert mit dem Saxophon bei den Schrägen Jungs von Schleichwies. Manchmal sitzt er auch hinter dem Schlagzeug. Oder wie er sagt: er »drumt«.

So etwas tut einem aufrechten Volksmusikanten weh. Die Zither schaut er nicht mehr an. Da hilft kein väterlicher Befehl. Es helfen auch nicht die Tränen seiner Mutter, die im Kirchenchor mitgesungen hat.

Und es hilft keine Wallfahrt. Der Bartl ist total verjazzt und verrockt und verbluest. Ich sag es aufrichtig: Ich schäme mich.

Ich tät' das nicht verstehen, sagt er, das wär' eben unsere Zeit und er möchte keiner von gestern sein. Die größte Katastrophe, die es in Ober-und Niederbayern, samt Schwaben und der Oberpfalz musikalisch gibt, das war am Blasitag unser Feuerwehrball. Seit über hundert Jahren ist das unser Ball. Wo wir zeigen können, was wir alle für Tänze drauf haben: Schleifer und Hupferte, Zwiefache, den Kickeriki, das Hirtamadl und dem Dirndl der seinige etc. Der beliebteste Progoder kann sich so eine Faschingsgaudi nicht ausdenken. Als erstes Stückl spielen wir gerade einen Walzer. Wir sind noch nicht fertig, da fangen die Schrägen Jungs eine saumäßige Metten an, daß einer das Gehör verlieren möchte, einen Rock, daß das vierhundertjährige Wirtshaus hätte zusammenbrechen können. Und mein Bartl sitzt an dem groß aufgebauten Trommelapparat und werkt an seiner »Drum« wie ein Epileptiker.

Wer darf uns so etwas antun? Der junge Feuerwehrhauptmann. Er möchte ein Mann des Fortschritts sein mit seiner rothaarigen Lebensgefährtin. Wir können vor Überraschung nicht einmal protestieren. Darauf sollen wir einen Zwiefachen spielen, damit das Hin

und Her zwischen Alt und Jung ordentlich eingeführt würde. Wir mögen aber keinen Zwiefachen blasen, sondern spielen das beliebte Hirtamadl.

Hin und her: Einmal die Jungs und einmal wir Blechmusikanten sollten abwechselnd den ganzen Ball bestreiten. Die jungen Bäuerinnen hätten sich das auch gewünscht. So ein Schmarrn! – Anfangs haben wir gefolgt. Weil wir eben zu überrascht gewesen sind. Aber dann haben wir nicht mehr mögen. Lieber ein bayerisches Ende mit Schrecken als so eine amerikanische Gaudi auf unserem schönen, lustigen, alten Feuerwehrball. Ich habe meinen Bombardon eingepackt. Die Trompeter haben auch nicht mehr blasen mögen. Und ohne Melodie und Baß gibt es keine Musik.

»Jetzt kommts ihr wieder dran«, hat der Spritzenmeister gerufen. Aber wir waren schon dahin. Sollen die Schrägen Jungs allein weiterrocken!

Wir sind in die Gaststube hinunter und haben in kleiner Besetzung schön weiter musiziert. Unsere Zuhörer sind immer mehr geworden. Das war der bessere Teil der Menschheit.

Gerauft haben wir nicht mit Musikanten, die Lautsprecher brauchen – zu jedem Instrument! Wie bring ich meinen Buben weg von dieser »Band«? Sie führen schon den richtigen Namen. »Bande« – wir heißen Kapelle. Mein lieber Bartl – Bart nennt er sich jetzt –

mein lieber Bub, der Herr geb', daß dir bald die Augen beziehungsweise die Ohren aufgehen!

Gottseidank hast du eine sehr geschickte Mutter. Sie wüßte wie es gehen könnte, meint meine Gemahlin. Die Sonja von der Tankstelle hätte unseren volksmusikalisch so gut erzogenen Buben rock-und bluesnarrisch gemacht. Und diese Sonja ist seine beste Freundin. Wenn er sich jetzt mit dieser Sonja verkrachen und auf eine unsrige Musikantin wieder scharf gemacht werden könnte, dann würde unser Bartl am End wieder seinen Zitherring anstecken an den rechten Daumen und gewiß tät' er auch wieder die Klarinette blasen. Und er tät' merken, daß man mit der angestammten Volksmusik herzhafter lieben kann als wie mit dem amerikanischen Krach.

So raffiniert kann die Meinige spekulieren. Und sie weiß auch schon eine, die dem Bartl gefällt. Die Huber Andrea, die hervorragend gute Ziehharmonika-Spielerin. Auf die wär' der Bartl schon gestanden, ehvor er einrücken hat müssen. Aber die Andrea war damals noch um ein paar Monate zu jung gewesen. Und dann hat sie der Herr Lehrer angehimmelt. Das ist sowieso ein Skandal gewesen: der geschiedene Schulmeister und Baßzupfer verführt eine junge Zahnarzthelferin im zweiten Lehrjahr. Gott sei Dank hat der Herr Lehrer jetzt eine andere. Und die Andrea ist vielleicht frei.

Morgen spielt sie auf dem Kaffeekranzl beim Wirt in Berg. Vater, da gehen wir hin. Und der Bartl muß uns begleiten. Ich wünsch' mir das zu meinem Geburtstag. Ein geführiges Weiberl an der Seiten macht einem immer wieder eine Hoffnung.

Wir sind also zum Wirt nach Berg. Der Bartl hat uns mit seinem Auto hinfahren müssen. Schon im Hausgang hören wir die zwei disharmonischen Harmonien, daß uns gleich wohl geworden ist. Die Andrea und ihr Vater spielen auf, daß der Kaffee zur Nebensache wird.

So einem jungen Dirndl, wenn sie die Harmonie auf den Knien hin und her schiebt, traut man sich gleich gar nicht zuschauen. Ich hab' mir sowieso nur aufzulusen gewagt: ist die Andrea dem Bartl noch sympathisch? Lacht sie ihn an? Als Vater zeigt man sein Interesse nicht. Die Mutter wird eher gesprächig.

»Schön spielst, Andrea. Fast z'schön fürn Radio!« Endlich läßt unser verbluester Bartl auch eine Aufmerksamkeit spüren. Er schaut sie recht traumwandlerisch an. Die Andrea merkt seinen Blick und verabredet mit ihrem Vater, dem Herrn Postsekretär a.D. den Klarinettenlandler zu intonieren. Gerade diesen flotten Landler hat früher unser Bartl mit der jungen Andrea öfters geübt. Sie mit ihrer Harmonie und er mit seinem Soloinstrument. – Da hat es ihn schon gerissen auch!

Er springt auf, rennt hinaus auf den Parkplatz, steigt in sein Auto und fährt davon. Ohne uns.

»Gell, gell Vater, jetzt hat's ihn packt. Seinen Landler verträgt er net. In dem stecken zu viele alte Erinnerungen.«

»Aber keine glücklichen«, sag ich. »Hoffentlich kommt er wieder!« – Meine Gemahlin schüttelt den Kopf: »Gewiß kommt er wieder. Ich spür's. Es hat ihn das Glück gepackt.«

Trotzdem haben wir alle zwei eine Angst ausgestanden. Weil die Andrea gar so ernst und traurig geschaut hat, wie unser Bartl so plötzlich auf und davon ist. – Wir haben uns nichts anmerken lassen, haben die Prinzregententorte gegessen und auf die schöne Musik gehört. Kommt der Bub wieder oder ist er zu seiner Tankstelle gefahren? Der Andrea ihre Traurigkeit macht der Mutter viel Mut. »Die mag ihn noch«, meint sie.

»Jetzt wenn er käm' könnt alles gut ausgehen.« Ich aber sag mir: Davon ist davon. Mein Sohn hat einen eisernen Charakter. Das diätische Stückl Haustorte kommt. Mir schmeckt die leichte Süße nicht mehr. Da plötzlich sagt die Mutter: »Vater schau, er kommt zurück. Ich seh' ihn durchs Fenster auf dem Parkplatz.« – Und wie er zur Stubentür hereinkommt, sehen wir es erst: Er hat seine Klarinetten dabei. Bartl, hätt' ich am liebsten gerufen: »Bist halt doch ein meiniger Bub und ein würdiger Enkel von deinem Opa.«

Er setzt sich neben die Andrea und fängt gleich zu blasen an. Er kann's noch. Und die Andrea lacht ihn an. Jetzt ist alles gewonnen. Die Klarinette hat wieder ihre Harmonie.

Von dem Tag an hat unser Bartl nicht mehr bei den Schrägen Jungs mitgemacht. Nicht als »Drumer« und nicht als Saxophonist. Er ist wieder bayerisch geworden. Wenigstens musikalisch. Einwendig drin ist er es immer geblieben, das hab' ich manchmal zu spüren geglaubt. Dieses Gespür hat mich auch am Leben nicht verzweifeln lassen. Obwohl wir manchmal »Ach Himmel es ist verspielt«, mit der Kapelle intoniert haben. Einer Hochzeit steht nichts mehr im Wege. Ich könnt einen Juhschrei tun. Und diese Hochzeit spielen wir. Und wenn ich dreimal der Ehrvater bin, ich blase den Bombardon.

Der Blickkontakt

»Dös is was Letz: Zwoa Türn und koan Fletz«, sagt ein uraltes bayerisches Sprichwort. Auf deutsch: Das ist bitter, wo es zwei Türen gibt und aber keinen Hausgang: Ein Musikant kann nicht zum Tanz aufspielen und selber tanzen dazu. Man kann sie nur vom Musikantenpodium aus ansehen. Aber dieses unschuldige Musikantengeschau, den »Blickkontakt« zu einer Schönheit, kann einem niemand verwehren. Selten genug bemerkt das Fräulein so einen Blickkontakt. Die Faschingstage zwischen Mariä Lichtmeß und Aschermittwoch hat es ein Musikus doppelt streng. Besonders der Bombardon mit seinem Rieseninstrument tut sich schwer mit dem Augenkontakt zu einer Tänzerin in den Armen eines Kavaliers.

»No ja, ich schau einmal links, und einmal rechts von meinem Baß. Das bemerkt auf einmal eine und blinzelt lächelnd zurück.« Bescheiden fängt eine Faschingsliebelei an. Sie sei einem eifrigen Musikanten in den närrischen Tagen vergönnt. Er soll auch seinen

Fasching haben. Der Herr Pfarrer hat so ähnlich gepredigt: »Hüpf und tanz, laß die Zügel locker, denn es gilt dir einen Vorschuß nehmen auf die Fasten- und Bußzeit!« Diese Predigt haben sich unsere Musikanten gemerkt.

»Mein Blickkontakt konzentriert sich heuer auf die noch nicht achtzehnjährige Friseurstudentin Annaleni, dem Töchterl von unserem Fußballtrainer Hubert, der bei uns auch manchmal die Trommel schlägt.« Bei der Tanzmusik nicht. Indem er fürchterlich laut zuschlägt, was unser Kapellmeister nicht mag. Zu seinem Töchterl ausgerechnet erzählte mir später einmal der Bombardon, »zu Annaleni halte ich den Blickkontakt. Für einen gefühlvollen Musikus ist das mehr wert wie ein Bussi. Und wenn sie den Augenkontakt erwidert, mehr wie ein Kuß! Da sieht es man wieder, wie unschuldig wir Musikanten sein können.«

Die Damen und Herrn der Kapelle kennt jeder im Dorf. Auch im Fasching. Denn die Musikanten sind kaum maskiert. Sie tragen ihre bundlederne Hose wie jahrein, jahraus, die Musikantinnen ihr Trachtenkostüm. Zum roten Westenlaiberl ziehen sie sich jetzt nur eine weiße Zipfelhaube über den Kopf. Als »Hematlenzen« tragen sie darüber ein Nachthemd. Was tät' auch die aufwendigste Maskerade helfen. Wenn man doch einen jeden an seinem Instrument kennt? »Daß ich

mit meinem Bombardon der Michl bin, wissen sie alle. Auch daß ich eben Vater von einem Mädchen geworden bin ist jedermann bekannt. Auch mein Blickkontakt mit der Annaleni, die heut als Schulmädchen geht, mit einem Schulranzerl auf dem Rücken und mich öfters anlacht. Ja, ja, sie erwidert fleißig meinen Blickkontakt.«

Pausieren die Musikanten, kommen viele Leut' ans Musikantenpodium und gratulieren dem Michl zu seinem Töchterl. Auch die Annaleni. Er bedankt sich bei einem jeden, drückt ein dutzend Hände und es freut ihn. Sein Weiberl, die Lore, sei gesund, bereits den dritten Tag in der Klinik und das Töchterl sei wohlauf. Dann bläst er wieder den schweren Baß, blinzelt einmal links und einmal rechts über sein Instrument hinweg in den Tanzsaal. Er sucht seinen Blickkontakt. Trotz seiner guten Ehe wirft er sein Auge schon wieder auf die Annaleni. Und sie lächelt geschwind zurück, gießt Öl in seinen unschuldigen Blickkontakt.

Annaleni, Annaleni! So ein Blickkontakt von einem Bassisten ist nicht ungefährlich. Gleich gar nicht am unsinnigen Donnerstag beim Schützenverein. Alle gehen maskiert, tragen Larven vor dem Gesicht. Niemand ist zu erkennen. Manche magieren Räuber und haben ihre Gesichter mit Strümpfen verhüllt, andere stellen Wildschützen vor. Einer trägt gar einen Saukopf. Dort humpelt ein altes Mutterl mit einem Buckel. In ihr verbirgt sich gewiß eine junge Schönheit. Viele Mädchen gehen als Hexen. Ein Herr im Trachtengewand trägt die Larve des Bundeskanzlers. Mit diesen Masken und Larven kann kein Musiker einen Blickkontakt haben.

Endlich stellt sich der Schützenmeiser in die Mitte der Tanzenden. Die Kapelle unterbricht sofort die Musik. Der Meister ruft: »Als erste soll ihre Larve fallen lassen diese Schmusekatz' da, die als gestiefelter Kater geht.« Es ist Annaleni. Der Bombardon freut sich. Aber gleich geht die Demaskierung weiter. Die Musikanten müssen nach jeder Demaskierung einen Tusch blasen. Gleich darauf einen Landlerischen. Auch muß sich derjenige demaskieren, den die Annaleni zum Tanze auffordert. Es ist der Herr Bürgermeister, der sich die Maske des Herrn Bundeskanzlers gekauft hatte.

Trotz des unschuldigen Blickkontaktes, einmal möchte jede liebende Sympathie einen Fortschritt machen. Man hat nicht mehr erfahren können, als daß sich die Annaleni nach diesem Schützenkranzl vom Bombardon hat heimfahren lassen. Und sie ist zu ihm ins Auto gestiegen. Das hat zumindest eine Person gesehen. Heut muß ein Autofahrer aufpassen genug. Michl hat noch dazu sein großes Instrument bei sich gehabt und seine junge Frau lag auf der Entbindungsstation. Da mag die erotische Anziehung noch so bedeutend gewesen sein, er hatte eine enorme Hemmung. Trotzdem soll der Bombardonist zur Annaleni damals gesagt haben: »Ein geschwinder Aderlaß wär keine große Sünde.« Ein Salzburger Fürsterzbischof soll diese falsche Moral im 18. Jahrhundert unter die Leut' gebracht haben.

Immerhin, den kommenden Tag auf dem »Hematlenzenball«, auf dem Maskerade für alle ein Nachthemd ist und eine Schlafmütze dazu, bei diesen Umtrieben sollen die beiden dennoch auffällig geworden sein. Der Michl hat mit der Annaleni getanzt und die Kapelle hat einen anderen Bassisten gehabt. Michls Vater hat für seinen Sohn ausgeholfen. Niemand hatte dagegen etwas einzuwenden. Nicht einmal der sonst so strenge Kapellmeister. Der hat es ausnahmsweise gestattet, weil der Michl eben Vater geworden ist.

Mehrere Tanzende haben nun sich doch etwas gewundert. »Sie liegt im Kindsbett und er tanzt wie der Lump am Stecken!« – Die und jene gute Freundin der jungen Mutter haben im Krankenhaus die Frau Lore besucht. Daraufhin ist die Geschichte gefährlich worden. Zumal die Damen die Harmlosigkeit des Blickkontaktes nicht kannten.

Der Bombardon-Michl ist gewiß jeden Tag ins Krankenhaus und hat Frau und Töchterl in Freuden besucht. Er hat auch jedesmal etwas mitgebracht.

Einmal sogar ein nicht billiges Armband. Die junge Mutter hat sich zwar nichts anmerken lassen, war aber doch auffällig deprimiert. »Denk' dir nichts, Weiberl, das sind die Nachwehen der Geburt!«

Auf den Aschermittwoch dürfte sie heim. Aber der Fasching in den letzten Tagen wurde immer ausgelassener im heimatlichen Pfarrdorf. Am Rosenmontag, das weiß sie, geht es drunter und drüber. Sie muß etwas unternehmen.

Sie ist nachts aufgestanden. Ihre beste Freundin Wallburga hat ihr ein Maschkera-Gewand mitgebracht: Ein unschuldiges Hasenkostüm mit Hasenkopf. Die Walli hat sie auch mit ihrem Auto gefahren.

Im Postbräusaal geht es wild her. Die Annaleni tanzt Gott sei Dank nicht mit dem Michl sondern mit einem fetten Bruder Barnabas, dem Bräumeister der heimischen Familienbrauerei. Aber die beiden tanzen vor dem Bombardon-Michl.

Und der Michl zieht mit seinem »Blickkontakt« zu der schlanken Bauerndirn auch noch eine Schau auf. Er blickt recht auffallend einmal links und einmal rechts an seinem Instrument vorbei. Da sieht man es gleich wie ihm die Annaleni gefällt. – Das unschuldige Häslein, das in Begleitung einer Hexe sich vorsichtig dem Musikantenpodium nähert, bemerkt der Michl nicht. Eben hat es vom Kirchturm her Mitternacht geschlagen. Der Komandant befiehlt die allgemeine Demaskierung. Die Bauernmagd entblößt ihren Kopf von ihrem Strohhut mit weißem Schweißtuch, eilt zum Michl hin und gibt ihm, vielleicht sogar aus Beifallskundgebung ein Bußerl. In diesem Moment reißt die Frau Lore ihren Hasenkopf herab und ruft: »Auseinand! Was erlaubst du dir eigentlich? Mich laßt er Kinder kriegen und du schmust mit den jungen Dirndln!«

Die Annaleni entfernte sich im Gedränge. Nach einer Weile findet der Michl wieder seine Stimme. »Geh, Lore, es ist ja nix passiert. Ich hab mit der jungen Annaleni nur einen Blickkontakt gehabt. Und ein Blickkontakt ist jedem Musiker erlaubt. Das hat schon mein Großvater gewußt.«

»Nix Blickkontakt! Ab heut ist mit der Blaserei Schluß. Der Kapellmeister soll sich um einen anderen Bassisten schaun. Oder ich geh mit meinem Kinderl wieder zu meinen Eltern heim.«

So streng ist sie geworden. Mit Mühe hat sie der Michl wieder ins Krankenhaus bringen können. In der Zeit hat wieder sein Vater den Baß geblasen. Nur mit der allergrößten Geduld hat er seine Frau überzeugen können, daß ohne guten Baß eine Kapelle aufgeschmissen ist. Ohne Bombardon ginge es einfach nicht. »Aber ohne Blickkontakt«, das hat er ihr heilig versprechen müssen.

Die Lippenfestigkeit

Er heißt Ernstl und lernt im zweiten Jahr auf Heizungsmonteur. Und er hat einen Traum. Er möchte das Trompetenblasen lernen. Bei der Kirchenzeller Blasmusik schneidig mitmarschieren, das würde gewiß auf manche Dirndl einen Eindruck machen. Vielleicht auch auf die Sabine. Ein jeder hat einen anderen Traum. Und das Trompetenblasen ist der Seine.

Bei den jungen Schuhplattlern des Trachtenvereins Almenrausch darf er auf seiner Ziehharmonika bereits aufspielen. Die chromatische Harmonie, die »Ziach« beherrscht Ernstl ja schon seit seiner Schulzeit. Über seine musikalische Begabung ist nicht zu diskutieren. Der Vorplattler ist zufrieden mit ihm. Nicht nur das »Birkensteiner Glöckerl« muß er da nicht gleich sechsmal hintereinander zu Gehör bringen und jedesmal ein wenig geschwinder. Er kennt das Repertoire der Jugendgruppe auswendig. Aber der Erfüllung seines Traumes stellt sich der Kapellmeister, der Greiner Sepp, in den Weg. Er lehnt ihn als Trompeter ab. Ja warum denn?

Der Greiner Sepp will mit der Begründung der Ablehnung nicht gleich heraus. »Du spielst ja eh die Ziach. Dös müßt doch glangen. Ein Instrument soll ein Musiker beherrschen, aber net gleich zwei und drei. So was wird nie nichts Gescheites. Glaub' mir das Ernstl und gib dich darein!«

Unwillig glaubt es der Ernstl einige Wochen und zieht als Harmoniespieler von Verein zu Verein. Bald wird er zu größeren Veranstaltungen gerufen. Die Zeitung schreibt einmal gar: »Die Worte des Herrn Landwirtschaftsministers wurden von dem Ziehharmonikaspieler Ernst Blasmüller umrahmt. Der junge Musikus, der noch keine 18 Jahre alt ist, ersetzte an diesem Abend eine ganze Blaskapelle.«

Das hat den Ernstl sehr gefreut. Den kommenden Sonntag beim Kirchenzeller Trachtenzug hat er den Kapellmeister Greiner Sepp, beim Herausgehen aus der Kirche, wo er mit ihm zufällig gleichzeitig den Weihbrunn genommen hat, nicht einmal gegrüßt. So stolz war er auf einmal geworden.

Die jungen Trachtendirndl, denen er vor zwei und drei Jahren zum Bandltanz aufgespielt hat und die jetzt fünfzehn-sechzehn Jahre alt geworden sind, haben alle von Ernstls Erfolg in der Zeitung gelesen. Zwar stand die Gesellenprüfung vor der Tür, aber er sprach jetzt doch eine von diesen jungen Trachtlerinnen an.

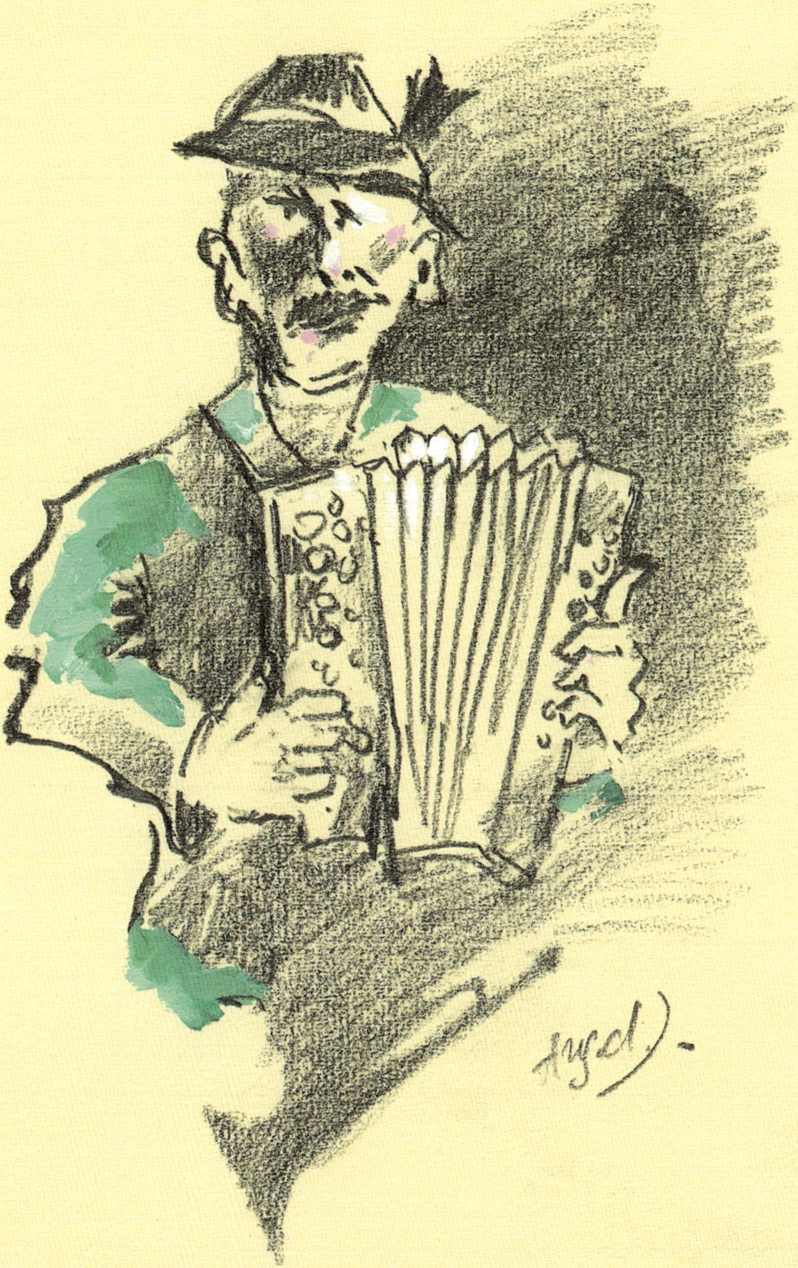

Ausgerechnet die Sabine Greiner, die Tochter des Kapellmeisters, die ihm als junges Trachtendirndl bei den Tanzproben schon sehr aufgefallen war. Er hatte eben den Führerschein errungen und sich ein neues Auto zusammengespart. Nach der Tanzprobe sagt er kurzentschlossen zur kaum sechzehnjährigen Sabine: »Magst mein neues Auto anschauen? Ich tät' dich auch heimfahren.« Die Tochter des Herrn Kapellmeisters wird kaum ein bißchen rot, sie steigt ein. Obwohl sie zu Fuß keine fünf Minuten heim gehabt hätte.

Junge Liebende genieren sich nicht mehr. Es darf die ganze Pfarrei wissen. Ernstl nimmt seine Sabine zu den häufigen Soloabenden mit. Bald zu Schülertreffen, bald zu Geburtstagsfeiern. Meistens muß er auf abgelegenen Gasthäusern zu den Kaffeekränzchen aufspielen. Sie trägt ihm helfend die Harmonika, packt sie ihm aus dem Kasten und stellt sie ihm vorsichtig auf die Knie. Worauf er gleich zu spielen anfängt, daß sich bei den ältesten Austragsbäuerinnen die Zehen rühren.

»Allerweil ist sie mit dem Chromatiker unterwegs«, schimpft die Mutter. Neulich ist sie direkt erst in der Früh heimgekommen!

»Ja, Sabine, hast denn du heut keine Schul'?« – »Na.« »Dich freut das Lernen überhaupt nicht mehr und ziehst mit dem Ziach-Ernstl herum. Meinst denn du, wir Eltern merken das nicht?«

Da sagte sie das mutige Wort: »Dürfts es ja wissen!«
»So, den magst du? Der net amal die Trompetn lernen kann, weil es ihm an der Embajour fehlt.«

»An was fehlts ihm«, fragte Sabine betroffen. Der Vater, der Herr Kapellmeister, klärt sein Töchterl sofort auf: »Ein Trompeter braucht eine Embajour, eine Lippenfestigkeit. Aber schaug seine Lippen amal genauer an, Sabine, seine Unterlippe ist viel zu dünn. Wenn er nix sagt, sieht man's net amal. So einer taugt nicht zum Blasen.«

»Meinst du«, antwortete das Töchterl. »O mei, Papa, du kannst froh sein, wenn du net in neun Monaten Großvater wirst.«

Da ist der Herr Greiner Josef doch erschrocken. Er konnte nur sagen: »He, he, Sabine, a so pressierts aa net.« Die Mutter kehrte den Spieß sofort um und wandte sich gegen ihren Mann: »Jetzt hast den Dreck im Schachterl, Herr Kapellmeister. Deine eigene Tochter hat dir die Lippenfestigkeit von dem abgewiesenen Trompetenschüler beweisen müssen. Wennst einen Charakter hast, dann springst über deinen Schatten und laufst dem abgewiesenen Schüler schleunigst nach!«

Der Herr Kapellmeister erschien auf der Tanzprobe der Jugend und sagte zum Harmonikaspieler: »Ernstl, jetz' muß ich dich anreden. Aber laß dir sang, wennst noch magst, lern' ich dir das Trompetenspielen gern. Von deiner Embajour bin ich jetzt überzeugt. Aber so hättest du es auch nicht gleich beweisen brauchen.« »Deine Sabine hätte mir auch so gefallen. Ohne Trompete.« »Dann gilt es. Gleich morgen können wir anfangen.« »Von mir aus. Aber die Chromatische geb' ich nicht auf.« »Das verlang' ich nicht, Ernstl. Wenn wir eh verwandt werden.«

Nach der ersten Trompetenlehrstunde meinte die Greinerin: »Sein Ansatz ist hervorragend. Das kenn ich als künftige Schwiegermutter. Ich sag halt: Die Liebe und die Musik! Da weiß man oft nicht, was einem besser gefallen kann.« Darauf hat sie für die ganze Familie einen Kaffee gemacht.

Die Geschichte ist noch nicht aus, obwohl das glückliche Ende zum Greifen nahe ist. Die sechzehneinhalbjährige Sabine ist doch noch nicht Mutter geworden. Gott sei Dank! Aber sie bläst jetzt in der Kirchenzeller Blaskapelle die Klarinette. Der zweite Flügelhornist, der Zenz Erwin wirft heiße Blicke auf die junge Klarinettistin. So heiße, daß die Sabine diese Blicke etliche Male unbedingt erwidern muß. Zumal der Zenz Erwin bereits 28 Jahre zählt und keine zwanzig wie der Ernstl. Außerdem ist er angehender Tankstelleninhaber. Der Herr Kapellmeister spürt jede neue Liebelei unter seinen Instrumenten. Und die Frau

Greiner hat ohnehin gelegentlich die Theorie vertreten: »Der Ernstl ist gewiß brav und recht, Sabine. Aber mit Sechzehn bindet man sich noch nicht. Schau dir die Welt erst ein wenig an! Ein jeder Musikant spielt ein anderes Instrument.«

So reden sie, die Mütter. Schade, denn die erste Liebe bleibt ewig in einem lebendig. Gott sei Dank ist Ernstl nichts inne worden. Außerdem hat er einrücken müssen. Sie schrieben sich Briefe und telefonierten. Und er hat an die Treue seiner herzensguten Sabine geglaubt. »Laß ihn glauben«, sagte die Greinerin. Der Glaube macht selig und die Musik nimmt immer wieder einen neuen Takt.« Es braucht keine Kriege. Es muß vor dem Kammerfenster nicht einer gestochen werden und auf der Leiter verbluten. Ein Musikant hat sein Instrument, in dieses läßt sich viel Schwermut hineinlegen.

Eines Tages hat der Ernstl beim Barras auch eine kennengelernt. Als Gebirgsjäger sogar ein Trachtendirndl. Sie hat auf einem Kameradschaftsabend mit zwei Burschen den Steyrertanz gedreht. Er hat mit der Chromatischen dazu aufspielen dürfen. Seine Musik sind ihr über die Beine ins Herz gestiegen. Brigitte hat sie geheißen. Sie hat ihm nicht wenig gefallen.

Er hat sich oft mit ihr getroffen. Nicht nur zum Steyrertanz. Den hat sie – trotz ihrer Jugend und ihrer Zartheit – hervorragend gekonnt. Und der Steyrer ist eine wichtige Melodie – auch fürs ganze Leben. »Saggara, saggara, als Tanzmusikant, da machst was mit!« seufzte er manchmal auf und ängstigte sich, wenn er an seine Sabine dachte.

Er machte sich wegen Brigitte ein Gewissen. Soll er der Sabine schreiben? Soll er es ihr sagen? Aber so etwas sagt man nicht am Telefon.

Acht Wochen war er schon nicht mehr daheim. Seinem Kapellmeister und zukünftigen Schwiegervater schreibt er eine Karte: »Lieber Herr Greiner! Mache hier allerhand mit. Auch als Musiker. Mit herzlichen Grüßen an die ganze Kapelle! Ernstl.«

Er leidet, kommt der Brigitte immer näher. Endlich reißt es ihm alles herauf. Er schreibt seiner disharmonischen Braut kurz und direkt: »Liebe Sabine, muß dir leider mitteilen, daß es mit unserer großen Liebe aus ist. Sie heißt Brigitte.«

Jetzt ist ihm wohler. Sabine zeigt die Karte gleich ihrer Mutter. »Guat is' gegangen, Sabine«, sagt die. »Das macht gar nichts, wenn er ein schlechtes Gewissen hat. Er ist sowieso sauber zu jung für dich gewesen.«

Und der Vater meint: »Das ist jetzt grad gleich. In der Kapelle jedenfalls blast er mir wieder die Trompete. Auch wenn wir nicht verwandt werden. Musikanten sind immer Freunde.«

Die Damenkapelle

Die Musik ist die Offenbarung einer reinen Seele. Aber die Musikanten sind doch auch Menschen und können sich manchmal irren. Die Greimelfinger Blaskapelle zum Beispiel ist stolz darauf zu den wenigen bayerischen Kapellen zu gehören, in der nur Männer blasen und trommeln dürfen.

Der alte, konservativ denkende Kapellmeister Josef, sagt zu jeder sich bewerbenden Hornistin oder Trompeterin etc. »Sie spielen gut, mein Fräulein, recht gut, aber wir sind keine Damenkapelle. Ich kann Sie nicht aufnehmen.« Darum sind die Greimelfinger Musikanten lange nicht zu einer blasenden Weiblichkeit gekommen.

Nikolaus, der Trompeter, von den Kollegen und den Zuhörern nur der »Nik« gerufen, geht schon seit Micheli letzten Jahres mit der Klarinettistin Andrea von der kleinen, meist langsame Halbwalzer musizierenden »Hinterseer Klarinettenmusi«. Jetzt leidet der Nikl plötzlich an der Eifersucht. Weil seine Klarinettistin von dem Baßgeiger der Hinterseer schwer bedrängt wird. Er findet sie »gebärenswert begehrenswert«. Ein ehrlicher zwar, aber doch himmelschreiender Hallodri. Denn dieser Baßzupfer ist verheiratet und hat zwei kleine Kinder daheim. – Freilich, die Baßgeiger sind für solche Widersprüche in ihren Lebensläufen bekannt. Und werden deshalb oft auch »Falsibardoni« genannt, »falsche Bässe«. Die Klarinettistin Andrea ist allerdings auch jung und schlank und begehrenswert.

»Du kündigst bei den Hinterseern sofort und gibst bei diesen Halbwalzerzupfern deine Klarinettenblaserei auf! Und dann spielst du bei uns mit, bei einer ordentlichen Blaskapelle. Punktum.«

»Aber, Nikl, ich spiel doch gern bei der gemütlichen Tanzmusik. Wir haben auch viel Erfolg. Manchmal spielt auch der Benno mit der Geige mit. Dann gehen wir als einschmeichelnde fröhliche Geigenmusik.« – Da der Nikl das Wort Benno hört, drängt er noch rascher auf eine Entscheidung. »Bei uns spielst mit – oder wir zwei sind verliebt gewesen.« – Wenn einer eifert, ist er auch als taktfester Musikus ein taktloser Mensch. Doch die Andrea war eine brave, folgsame und hoffnungsvoll verliebte Freundin. Sie hat ihrem Nikolaus zugesagt und sich beim Greimelfinger Kapellmeister Josef vorgestellt. Aber leider ist sie da schlecht angekommen.

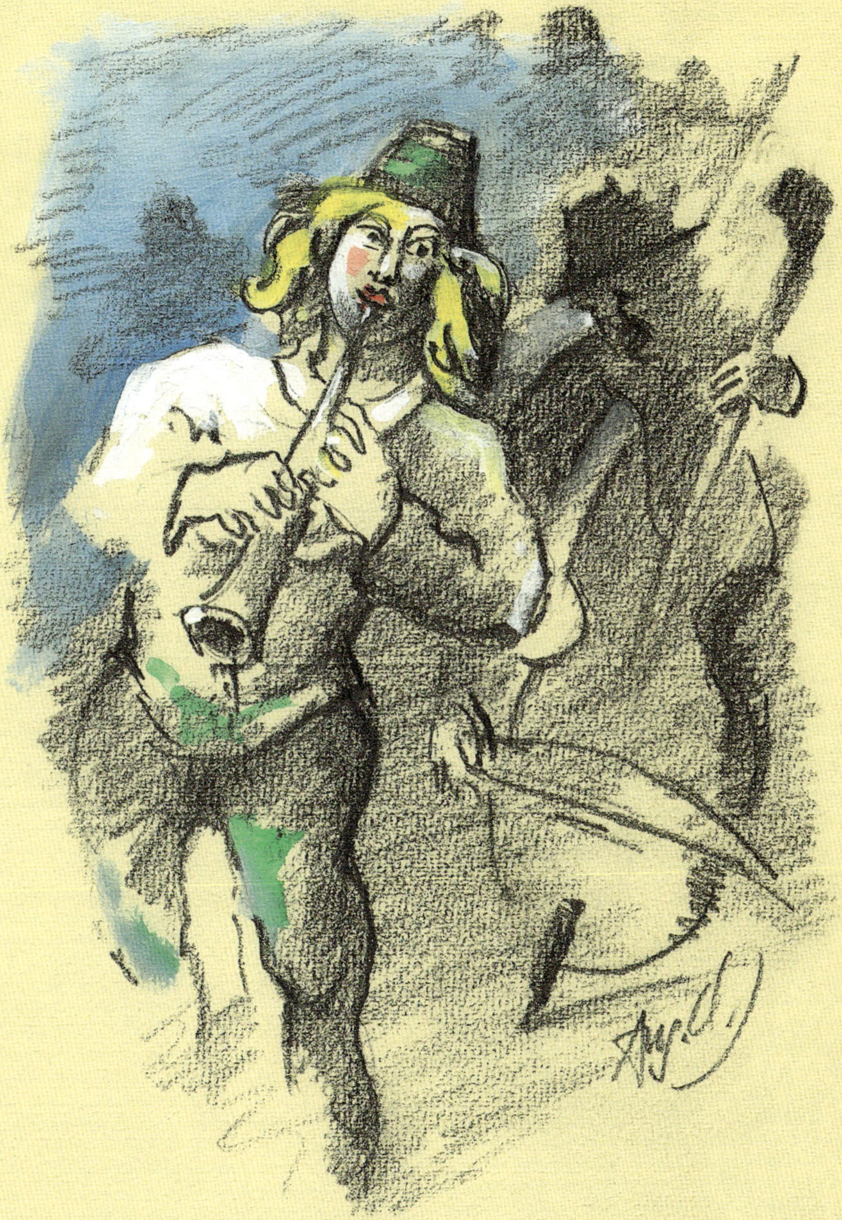

»Sie spielen Ihre Klarinette einwandfrei, volltönend und nicht zu rauh, gerade gleichmäßig schön und richtig. Das bestätige ich Ihnen gern, mein Fräulein. Aber wir sind keine Damenkapelle. Haben es auch nicht vor, eine solche zu werden. Im Gegenteil, wir sind stolz darauf, in unserem Landkreis die einzige Kapelle zu sein, bei der nur Männer blasen und trommeln. Nicht umsonst haben uns voriges Jahr die Schweizer Appenzeller engagiert. Weil ich es eben keinem weiblichen Wesen erlaube, in unserer Kapelle mitzuwirken. Das schätzt man in Appenzell.«

»Langsam, Josef, langsam«, unterbrach der mitgekommene Nikl seinen Kapellmeister. »Selbstverständlich haben wir auch Mädchen in unserer Kapelle. Sehr hübsche sogar. Und das seit Jahrhunderten.«

»He. Wen denn?« – »Die zwei feschen Marketenderinnen, die den Schürzlschnaps ausschenken. Von denen eine links und die andere rechts von dir gehen, wenn wir dahermarschieren und aufziehen.«

Jetzt war der Herr Kapellmeister doch beinahe bis zu Wortlosigkeit überrascht. »Ja, die Marketenderinnen! Gewiß, die Marketenderinnen sind manchmal in unserer Nähe. Aber sie gehören doch nicht direkt zu uns. Außerdem ist ihnen das Schnapsausschenken seit Jahrhunderten erlaubt. Sogar kirchlich, seit fürsterzbischöflicher Zeit, erlaubt und abgesegnet. Sie dürfen beim Aufmarsch neben meiner Person hergehen, auch wenn sie erst zwanzig Jahre jung sind. Und sie dürfen mir, dem stabschwingenden Musikdirektor, steht bei jedem Aufmarsch das erste Stamperl zu, dieses Stamperl präsentieren. Dagegen habe ich nichts. Das sind Marketenderinnen und keine Klarinetistinnen. Nein, nein, mein Fräulein, so leid es mir tut, ich muß aus unserer Tradition heraus, Ihre Aufnahme in der Greimelfinger Blaskapelle verweigern.«

Was tun wir jetzt, Andrea? Sie will wieder zu den Hinterseern.»Unter keinen Umständen. Mir fällt schon was ein. Als Marketenderin könntest du auch manchmal zu den Proben anwesend sein. Du ergreifst deine Klarinette und vielleicht gewöhnt er dich mit der Zeit? Ich red' mit der Resi und mit der Monika. Daß du einmal die eine und einmal die andere vertreten darfst. Ein Schnapserl einschenken aus dem Fasserl, das wirst du auch können.«»Können schon, aber net mögen. Wo ich die Klarinetten blas' mag ich die Zeit nicht mit dem Kittlschnaps vertun.«

Da kam sie aber bei ihrem Nikl schlecht an. Denn auf die Marketenderinnen war die Greimelfinger Blasmusik besonders stolz.»Eine Marketenderin gilt bei uns so viel wie eine Klarinettistin.« Andrea erhob sich beleidigt und wollte gehen.»Einen Moment, Andrea! Erstens muß eine Marketenderin sehr schön sein, besonders von guter Figur und zweitens hat sich vor 120 Jahren beim Innsbrucker Festschießen, wo wir Greimelfinger geladen waren, der Kaiser Franz Joseph in eine unsrige Marketenderin verschaut. Der Trachtenzug hat gestockt und unsere Kapelle ist akkurat vor dem Kaiser seinem Postament zu stehen gekommen. Da hat der Kaiser Franz Joseph den Befehl gegeben, unsere Maria, die Schreinerstochter, von seinem Hofmaler porträtieren zu lassen. Eigens für ein Bildnis auf seinem Schreibtisch in Wien. Seitdem gelten die Marketenderinnen in unserer Kapelle grad so viel wie die ersten Trompeter.

Es wär' eine Ehre, wenn die Moni und die Resi, mir z'lieb, dich gelegentlich eine Marketenderin spielen ließen. Bei kleineren Festlichkeiten und Kirchenzügen der Schützen und Veteranen.«

Jetzt war es bei der Andrea ganz aus. Sind die Musikanten schon schwierig, die Musikantinnen sind noch viel geschwinder beleidigt.

»Wenn nur unserem sturen Kapellmeister Josef einmal das Taktstöckerl brechen tät'! Er allein ist mit seinem Männerspleen an allem schuld. Wo sie heut sogar beim Militär Frauen einstellen. Wegen einer Klarinettistin werden wir noch lange keine Damenkapelle.«

So murmelt Nikl auf der Probe vor seinen Freunden. In den Pausen. Und nur halblaut.

Der Bombardon meint dazu: »Er denkt sich: Wehret den Anfängen!« – Niemand wußte eine Hilfe. Und die Andrea spielte eifrig bei der Hinterseer Tanzlmusik.

Da stirbt bei den Greimelfingern der alte Klarinettist. Man braucht einen Nachfolger. Aber dem Josef ist keiner gut genug. Da hat der Nikl eine Idee. Wahrscheinlich direkt von der Heiligen Cäcilia im Traume zugeleitet. Mit diesem Einfall konnte er sogar die Sympathie der beleidigten Andrea wieder gewinnen.

»Also wir machen aus der Andrea einen Anderl. Du bist der neue Postbote, der vor vierzehn Tagen erst aus dem Schwäbischen – von Mindelheim – wo die guten Klarinettisten daheim sind, zu uns her versetzt worden ist. Und du bist ein Klarinettist.« – Ob das gut geht?

Der mißtrauische Josef ließ sich bereden. Andrea verkleidete sich als Post-Anderl und ging mit ihrem Nikl und dem Bombardon zum Vorspielen. Und engagiert war sie! Freilich als Andreas, aber das war dem Nikl gleich. Er sah in ihrer Person doch immer nur die begehrenswerte Andrea.

Nur er und sein Freund, der Bombardon, haben bescheid gewußt. Trotzdem hat ihn bald der Trompeter angesprochen, wie ihm der neue Klarinettist etwas sehr merkwürdig vorkäme. Wahrscheinlich hat der

Frauenheld ihren Busen geahnt. Obwohl die Verkleidung raffiniert gewesen ist. Zu der Lederhose trug sie dicke Hosenträger mit einer Quergurt, auf der das Bildnis König Ludwigs aufgestickt war. Der Bart war allerdings aufgeklebt. Es war ohnehin nur ein dünner Schnurrbart. Der Andrea hat die Verkleidung eine Freude gemacht. Und der gestrenge Herr Kapellmeister hat nichts gemerkt. Als Klarinettistin war sie sowieso erstklassig. Josef mußte ihn öfters loben, den Anderl.

Nur von den Kameraden haben es immer mehr geahnt. »Jetzt wird's nimmer lang dauern und der Kapellmeister wird's auch inne werden. Dann, Andrea, ist Almabtrieb.«

»Wir müssen ihn einmal bekehren«, sagte Andrea nach der Probe beim Weißbräu und riß sich ihren Schnurrbart herunter. »Aber wie? Er hat uns ja oft genug gesagt, daß er mit seiner Tradition allein und wie ein Fels in der modernen Brandung stehen will«, meinte hoffnungslos der Hornist. Und der Bombardon fuhr fort: »Und wenn ihm der Pfarrer und der Bürgermeister gut zureden, gibt er net nach. Erst gestern hat er g'sagt: Wer Frauen haben will in der Musik, der soll gleich eine Damenkapelle gründen. Aber die Musik kann man net schaun.«

»Dabei heißt's Wein, Musik und Frauen«, philosophierte der Trompeter. »Unser Josef ist ein Diktator.

Vielleicht geht er doch bald in Pension, dann wird er es noch erleben, daß eine gemischte Kapelle auch musizieren kann«, sagte ziemlich revolutionär der verliebte Nikl.

»Wir stimmen ihn schon noch um, Freunde«, jubelte der Bombardon. »Wir brauchen nur den richtigen Augenblick dazu. Und der ist am kommenden Sonntag bei der Trachtenwallfahrt nach Maria Eck. Da haben sich 84 Vereine angesagt. Jeder mit einer eigenen Blasmusik. Das wird ein Aufzug! Allein die 164 Marketenderinnnen verbreiten eine schöne und starke Weiblichkeit. Die Andrea, respektive der Post-Anderl, muß ganz vorn stehn. Nach dem Aufstellungsplan kommen wir sowieso ganz nah zum Altar. Und alle 82 Kapellen spielen gemeinsam die Haydnmesse. Beim Kommunionlied, Andrea, da reißt du dir den Bart ab und machst du dir deine Haar' auf! Da möchte ich seng, ob er uns net weiterblasen laßt!«

Alle waren sie einverstanden. Maria Eck ist, wie jedes Jahr, ein musikalischer Höhepunkt, der sogar der hohen und höchsten Geistlichkeit gefällt. 84 Musikkapellen, mit Hornistinnnen, Flötistinnen, Klarinettistinnen und Trompeterinnen gar sind zu hören und zu sehen. Eine freundliche, erotische und fromme Musikalität! Beim Anblick einer Bombardonistin hat sogar der Josef ein bißchen lächeln müssen.

Und dann ist es passiert. In der Michael Haydnmesse kommt das alle Herzen durchdringende Kommunionlied vor: »O Herr ich bin nicht würdig.« Darüber schreibt schon vor über 200 Jahren der Hofrat Kohlbrenner: »Bei diesem Lied rinnen die Zähren der frommen Begeisterung über die Bauernwangen.« – Das ist heut noch nicht anders. Und haben sie es damals die »devotio moderna« genannt. Es ist halt dies »ein gutes, frommes, volksmusikalisches Lied«. No, freilich, wer ist schon würdig?

Da reißt die Andrea ihr Bärtchen herunter, läßt ihre langen Haare fliegen – und unser Herr Kapellmeister lächelt und nickt ihr zu. Wir haben das erste Mädchen in unserer Blasmusik.

Die Bekehrung

Ausgerechnet dem ersten Trompeter unserer weit und breit berühmten Blaskapelle passiert das Malheur, daß er sich in ein Mädchen am Annahmeschalter der Reparaturwerkstatt verliebt. Sie heißt Yvonne. Ein seltsamer Name! Für einen bayerischen Musikanten mit dem schlichten und doch wirkungsvollen Namen Peter anfangs sogar eine Behinderung. Er ist ein Vollblutmusikant und spielt seit seiner Volksschulzeit die chromatische Ziehharmonika. Sein Repertoire wurde immer umfangreicher. Er spielt alles nach dem Gehör. Er begegnet der Yvonne täglich, weil der die abgegebenen Telefone repariert. Er hat das Gefühl, daß sie ihn auch nicht ungern sieht. Aber Gefühle können täuschen, ist eine ständige Redensart seines Vaters.

Kurzentschlossen wagt er es, sie auf den Feuerwehrball in Kirchenzell einzuladen. Sie sagt nicht nein, aber nur ungern ja. Aus der Volksmusik mache sie sich nichts, meint sie. Sie ginge lieber mit ihm in die Disco, in die Crazy-Bar. Einmal könne sie es ja versuchen.

Aber wenn sie das ewige Bumbada dieser urigen Volksmusik nicht aushalte, müsse er sie sofort in die Crazzy-Bar bringen.

Der Kirchenzeller Feuerwehrball hat einen Ruf. Und die Musikanten von Peters Konkurrenzkapelle haben hervorragende alte Volkstänze geblasen. Die Stimmung im Saal war grandios. Die Feuerwehrmänner mit ihren Damen formierten sich sogar zur Française. Achtzehn Paare hatten diesen Tanz gründlich eingeübt. Der Beifall wollte nicht enden.

»Mir hat's nicht gefallen«, sagte mit trockener Ehrlichkeit Yvonne. »Mich langweilt das alles. Auch dein Zwiefacher, für den du so schwärmst.«

»Brav«, denkt sich dazu der überraschte Peter. Er ist tief getroffen. Aber er schweigt. Yvonne, wenn sich eine schon nennt! Er hätte sie doch nicht mitnehmen sollen. Die Musikanten blasen eine flotte Polka. Yvonne kann nicht Schritt halten. »Vielleicht liegt's an mir«, versucht Peter die Szene herunterzuspielen. »Meine Tanzschritte sind nicht die besten.«

»Nein, an dir liegt's net: Du tanzt gut. Das merk sogar ich. Aber mit diesen Volkstänzen hab ich's nicht. – Bitte, Peter, wechseln wir das Lokal!« »Jetzt um halbe Zwölfe? Wo die Kapelle grad richtig warm wird? Ich wüßt' mir kein schöneres Fest als diesen Feuerwehrball in Kirchenzell.« Er wollte bleiben und

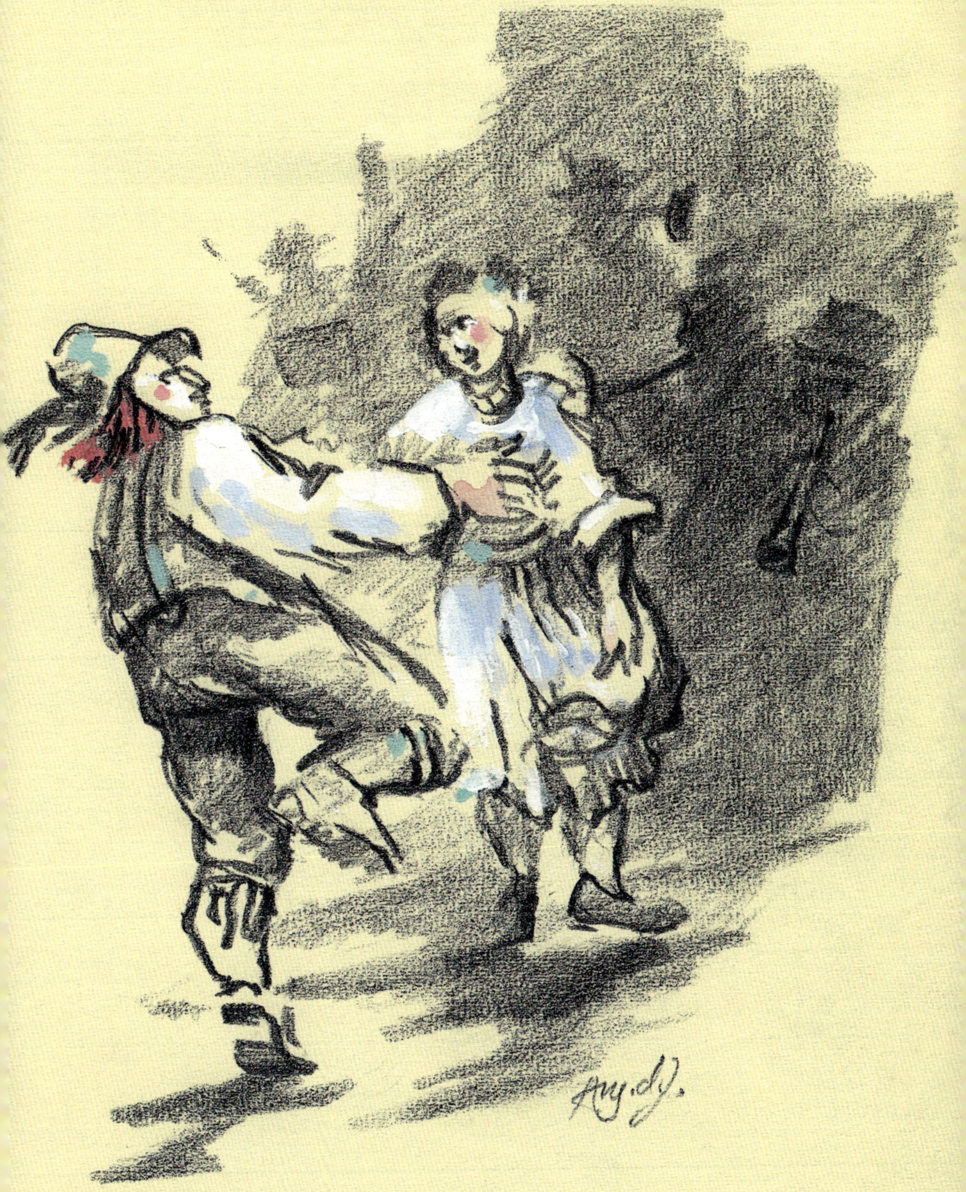

tanzte nach der Polka mit ihr einen Tegernseer Halbwalzer. Aber diese bescheidene Vertrautheit gefiel ihr auch nicht. Die musikalische Differenz legte sich spürbar zwischen das junge Paar. »Jetzt komm und zahl' und geh' mit mir in die Disco! Dort musizieren heut die Schrägen Jungs. Da vergißt du Tag und Nacht. Da läßt es sich einsteigen. Komm!«

Er sah die zwei musikalischen Welten, brachte sie in die Crazzy-Bar und verabschiedete sich bald. »Nein, mit der Yvonne werde ich nie zusammenkommen. Das ist einfach unmöglich, daß ein Volksmusikant mit so einem verrückten Discomädchen zusammenharmonieren kann.« Auch sie war seiner Meinung.

»Da stimmen wir doch einmal überein«, erwiderte er und brachte ihr drei reparierte Schnurlostelefone. »Paß auf Yvondl, in der heutigen Zeit darf es keine Standesunterschiede mehr geben. Auch zwischen uns nicht.« – Sie ist ihm halt bei jedem Anblick immer fester ans Herz gewachsen. Aber wie kann er sie zur Volksmusik bekehren? Seine Phantasie war überfordert.

»Nenn' mich nicht immer Yvondl, Peter. Ich heiße Yvonne!«

»Guat, ich nenn' dich Yvonne. Aber zur Volksmusik wirst du von mir noch bekehrt. Und das gründlich. Weil du mich auch ein bißerl gern hast. Das merk' ich das ganze Jahr her schon. Gleich den ersten Tag, wie du bei uns angefangen hast, hab' ich mir gesagt: Die ist es. Laß mich ausreden Yvondl! Die bayerische Volksmusik ist die schönste Musik, die es gibt auf der Welt. Das haben auch die Wiener Klassiker gesagt. Nein Yvondl, das läßt sich nicht vergleichen. Der harte Rock in deiner Disco ist keine Musik. Er hat kaum eine Melodie, noch einen echten Rhythmus. Darum bekehre ich dich zur wirklichen Musik, zur Volksmusik. Nicht zu vergleichen mit deinem Blues. Die sind fast herzlos im Vergleich zu einer fromm-besinnlichen Stubenmusik. Gleich morgen fangen wir an. Am ehesten lernst du zunächst das Hackbrett.«

Obwohl sie sich heftig gewehrt hat, und ihn immer wieder unterbrechen hat wollen. Er hat sie nicht zur Rede kommen lassen. Er hat ihr im Eifer den Mund zugehalten. Sie konnte den Kauf eines teuren Hackbrettes nicht verhindern. Es hat über 1 000 Mark gekostet, beziehungsweise fünfhundert Euro. Seine Tante Afra mußte ihr die ersten Hackbrettstunden geben. Er hat sie hingeschleppt. Er versprach ihr für jede Unterrichtsstunde zehn Euro. »Yvondl, das ist keine Bestechung, wenn wir uns gegenseitig für eine mögliche Liebe vorbereiten. Gib dir Mühe! Wenn es nichts wird, dann geben wir den Versuch auf und trennen uns in gegenseitigem Respekt. Zehn Stunden mußt du jedenfalls durchhalten!«

Widerwillig hat sie die Stunden absolviert. Dabei stellte sie sich nicht dumm an. Sie hatte eine angeborene Musikalität. Onkel Paul hat die Zither gespielt und er selber hat die Chromatische langsam dazu harmonieren lassen.

»Yvondl, großartig! Merkst du nicht selber wie's singt und klingt? Wie unsere Musi bereits zum Anhören ist? Wie du selber dabei mit deinen vielen Saiten mitschwingst und mithackelst? Yvondl, du bist gerettet!« Der verliebte Peter gab sich seinem Enthusiasmus hin und verlor sich dann in einen jubelnden Zwiefachen. Allein mit seiner Harmonie. »Jetz' sind ihm die Roß durchgegangen«, brummelte der Onkel Paul. Er hat die Begabung der jungen Hackbrettschlägerin nüchterner gesehen.

Die zehn Unterrichtsstunden haben Yvonne nicht zu einer Hackbrettspielerin umwandeln können. Die Tante Afra hat für sie gespielt. Und der Onkel Paul hat seine Zither klingen lassen. In seiner ziehharmonischen Begeisterung hat Peter nur wenig die Wahrheit erkennen wollen.

»Peter, trennen wir uns mit Respekt. Und zum Abschied gehst du mit in die Disco.« Alle Ernüchterung hat nichts geholfen, er mußte mit ihr in den Crazykeller von Kirchenzell. Peter war ja schon einmal dort gewesen. Es war ihm nicht nur zu laut, er glaubte sich in der Hölle. Die Lautsprecher waren größer als die Instrumente. Zur lärmenden Hölle brannten grelle Scheinwerfer. Kein farbiges Licht, kein Fegefeuer: Helle, tönende Hölle!

»Yvondl, da herin werden wir gehörlos«, will er ihr sagen, aber sie versteht ihn nicht. Da ließ er die ohnehin allein Tanzende stehen und verließ den Crazzykeller. Selbst im Freien schien ihm die Luft noch verpestet.

»Peter, hallo Peter!« Sie ist ihm nachgegangen. Das kann er ihr wieder nicht hoch genug anrechnen. »Gott sei Dank, Yvondl, wir sind noch in der Welt! Jetzt haben wir nur noch uns und die Luft. Und Verliebte, heißt es, können auch von der Luft leben.«

»Ach Peter, warum bist du nicht richtig eingestiegen? Im Crazzykeller muß man einwendig dabei sein. Mitmachen, mitschreien, mithüpfen! Daß man sich endlich frei fühlt von dem alten sturen Taktzwang. Mir zuliebe, probier' es noch einmal!«

»Na, Yvondl, net mit zehn Roß. Unsere Welt muß bayerisch bleiben!« Er nahm sie bei der Hand, wollte sie wegführen. Sie aber entzog sich ihm und lief zurück in den Crazzykeller. Mit dieser Abschiedsszene war das Verhältnis aufgelöst. Nun endgültig! »Und wenn ich dabei seelisch zugrunde gehe.«

»Ja, ja, Peter«, seufzt dem jungen Musiker sein Vater, der alte Baßtrompeter: »Es gibt keinen anderen

Unterschied nicht mehr wie den musikalischen, wie zwischen harmonisch und höllisch. Zwischen reich und arm kennt man keine Grenzen mehr. Bleibt nur noch der zwischen Disco und Volksmusik. Sei froh, daß du endlich Schluß gemacht hast mit dieser Hex', die kein Herz hat sondern nur noch einen Verstärker. So eine Ehe hätte niemals gut gehen können. Vergiß diese Chablon und such dir ein anders Lieserl oder ein Reserl! Oder gleich eine Maria!«

»Yvonne hat sie sich genannt. Ich hab's Yvondl gnennt.«

»Ist gleich, Peter, ich weiß dir eine Gitarristin – Marerl mit Namen – also Maria! Und ihre Mutter singt beim Kirchenzeller Dreigesang die tiefe Stimm', den Alt. Das ist eine gute Raß. Eine tiefe Stimm' wenn ein Weiberts hat, kriegen die Töchter ein Musikgehör und die Buben eine feste Embajour.«

Peter ließ sich aber nicht so schnell trösten. Die Yvondl hatte einen zu festen Platz in seinen Träumen. »Mein Peter, das sind halt zwei Welten: Amerika und Bayern«, sagte der Vater und brachte ihm seine Ziehharmonika.

Er konnte kaum spielen. Jeden Tag sieht er sie, hört ihre freundliche Stimme am Schalter. Und ist das eine Hoffnung? Sie sieht auch nicht gerade lustig aus. Es ist ein Elend: Zwei verliebte junge Leut', die sich mögen, sich begehren und doch nicht zusammenfinden können! Er hält das nicht mehr länger aus und hilft ihr in den Mantel, drückt ihr gleich nach ihrem »Danke« den Hackbrettkasten, den er immer bei der Hand hat, auch auf dem Arbeitsplatz; er drückt ihr diesen Kasten in ihre Hände, nötigt ihn ihr auf. Doch sie schüttelt den Kopf und läßt das Instrument stehen. Dann rennt sie mit feuchten Augen davon. Er ihr nach.

»Das Hackbrett gehört dir, ich habe es dir geschenkt!« »Ich will es nicht.« In dieser Tonart rankeln sie dahin. Dann schenkt sie ihm reinen Wein ein. Sie sagt es ihm ins Gesicht: »Wenn du morgen Abend um neun Uhr nicht in den Crazzykeller gehst und mit mir mitmachst – mit deiner ganzen Rhythmus-Fähigkeit – dann brauchst du mich nicht mehr anreden. Nur noch im Dienst. Was sein muß.«

Sie steigt in ihr Auto und rennt davon. »Zefix-Rockfahndl bockigs«, brummt er ihr nach, trägt das teuere Hackbrett zu seinem Auto, verstaut es sorgfältig auf die Rücksitze und denkt schon an die Gitarristin Maria. Er sagt den Namen sich viermal vor. »Maria ist nicht Yvondl. Da hat der Vater recht.«

Er kann schlecht schlafen und muß immer wieder an die Schalterannahme denken, an die schlanke, rassige Yvonne. Und heute ist Samstag. Er soll um neun Uhr in die Disco. Nein, sie muß nachgeben. Ich nicht. Er redet mit seinem Vater. Der wußte endlich einen Ausweg. »Peter, natürlich gehst hin. Aber in der kurzen Wichs und mit deiner Trompeten. Du hast eine feste Embajour, blas' denen Verrückten energisch laut das Gute-Nacht-Signal auf. Du wirst es erleben, das macht Eindruck, das tut seine Wirkung.«

»Die Idee ist net z'wider, Vater. Aber wie komm' ich mit meiner Trompeten gegen eine ganze Disco an? Die hörn mich ja nicht einmal, so laut werken die mit ihren Lautsprechern. Und wenn ich noch so laut blas', kann ich als einziger Trompeter dagegen nichts ausrichten.«

Er grübelte verzweifelt und seufzte dann doch: »Ach was heißt schon Liebe? Schluß mit dem Krampf!« Er griff zu seiner Ziehharmonika und stimmte einen Choral an. Dabei kam ihm eine Idee. Und zwar eine großartige Idee, die dann die Lokalpresse von vier Landkreisen zum Schreiben brachte. Er wurde sogar von einem Fernsehsender interviewt.

»Papa, unsere gesamte Blaskapelle, in großer Besetzung, mit zwei Posaunen und zwei Bombardonisten, mit der großen Trommel und vier Trompetern, insgesamt 18 Mann, müssen mit in den Crazykeller. Der Fanfarenzug voraus! In dieser Besetzung marschieren wir in die Disco. Dös gibt eine Hetz auf jeden Fall. Da wird etwas passieren. Sie wird mir um den Hals fallen. Wenn auch nicht sofort. Spätestens morgen.«

Er telefoniert die Kameraden an. Der Vater hilft ihm. Der geht zu drei Nachbarn. Der Meister ist gleich Feuer und Flamme. Er kann sich endlich einmal expektorieren. Dieses befreiende Wort hatte er von seinem Bruder, einem Germanisten. Er kann es diesen amerikanischen Gegnern der Musik endlich einmal aus seiner Brust heraus wirkungsvoll zeigen, was eigentlich den Leuten zu gefallen hat. Er ruft seinerseits alle Musikanten auf d'Nacht um acht Uhr zu einer Extraprobe zusammen – in den neuen Pfarrsaal.

»Was daraus wird, läßt sich nicht voraussagen. Jedenfalls sind wir die Ehrlichen, die Melodiösen, die Musikanten, die verstanden werden können. Heilige Cäcilia steh' uns bei!«

Das Experiment läßt sich kaum beschreiben. Um zehn Uhr, wie sie in der Crazzy-Bar gerade anfangen wild zu werden und die Discostimmung auf einen ersten Höhepunkt treibt, marschiert da auf einmal eine vollbesetzte Trachtenkapelle daher mit über vierundzwanzig Mann. Voraus der Fanfarenzug der Freiwilligen Feuerwehr.

Die Trommel kracht, die Tschinellen scheppern, die Trompeten stechen in den Himmel der Musikanten, die Bombardone erschüttern die Herzen. Die Posaunen und Hörner steuern der Harmonie Umfang und Fülle bei. Feine Ohren hören trotz des Discolärms sogar die

Klarinetten heraus. Die hypnotisierten Crazzytänzer halten langsam ein mit ihren entrückten Bewegungen. Sie sind überrascht. Bricht denn das Jüngste Gericht an? Die werden sich doch nicht durchsetzen, sagten sich die Schrägen Jungs und drehten ihre Lautsprecher noch weiter auf. Und das Lichtgeflimmer schwibbte noch geschwinder.

Aber die Musikanten hatten ihre Lederhosen an. Sie sind schneidig aufmarschiert mitten in die Tanzfläche hinein. Zu beiden Seiten des Kapellmeisters die hübschen Marketenderinnen. Und das Auge hat schließlich den Ausschlag gegeben.

Die Drummer und die Elektroboarder sind leiser geworden und haben ihr Rockinferno endlich ganz eingestellt.

Die reine, harmonische, kräftige Blasmusik hat schließlich den Keller akustisch beherrscht. Schön war das! Auch für die Discofans. Die Kapelle hat den »Saulocker« angestimmt und immer mehr der hypnotisierten Crazzy-Rocker haben den Zwiefachen zu tanzen probiert. Sogar zwei von den Barmädchen.

Peter hat gesiegt. Der Überraschungsangriff hatte Erfolg. Nicht wenige von der Rock-Jugend und vom Country-Sound haben es sich eingestanden: »Unsere alte bayerische Blasmusik ist dem Rock überlegen.« Sogar die Yvonne hat sich Gedanken gemacht. Hoffentlich gibt das keine diplomatischen Schwierigkeiten mit den USA!

Peters Yvondl war freudig erregt. »Du bist verrückt, Peter. Alles meinetwegen. Ich habe es sofort gespürt.« Er drückte ihr fest die Hand, zog sie an sich. In diesem Augenblick rief der Kapellmeister: »Einen Walzer für das neu verliebte Paar.«

Während des Walzers flüsterte er ihr zu: »Wenn eine so gut den Dreivierteltakt beherrscht, ist sie voller Musikalität.«

Dank der Presse und des Fernsehens blieb der blechmusikalische Überfall auf die Disco nicht ohne Folgen. Im Crazzykeller rocken sie zwar weiter wie eh und je, aber jeden dritten Samstag zieht die Blaskapelle auf und spielt zwei Stunden, daß es nur so kracht. In vollkommener Harmonie selbstverständlich. Zum Segen für das altbayerische Gemüt.

Und die Schalterannahme Yvonne hat das Hackbrett erlernt. Langsam hat sie jede Woche kleine Fortschritte gemacht. Größer war der Fortschritt in der Liebe zu ihrem Peter, der sie abwechselnd mit der Chromatischen und dann sogar mit der Trompete begleitete. So eine vertraute Musikalität bleibt nicht ohne Folgen. Wahrscheinlich haben sie bald ein »heimeliges Glück« zu erwarten.

Wastl, das Universalgenie

Es ist schon verteufelt schwer, mehrere Mädchen gleichzeitig zu lieben. Aber drei oder vier Instrumente beherrschen zu wollen, ist noch dümmer. »Mein lieber Sternecker Sebastian, du bist ein ausgezeichneter Flügelhornist. Ich weiß du spielst seit deiner Bubenzeit auch noch die Ziehharmonika, jetzt bläst du auch noch die Klarinette. Das ist zu viel. Bleib beim Flügelhorn, ich bitte dich!«

Er hört es nicht ungern, wenn seine Kameraden ihn ein musikalisches Universalgenie nennen. Aber eine Unvollkommenheit hat er doch an sich gehabt, der geschickte Sebastian: Er hat sich vor den Mädchen und Frauen beinahe gefürchtet. »Natürlich verehre ich die schönen Damen. Aber Verehrung heißt auch eine gewisse Scheu vor der zu Verehrenden empfinden«, sagt er zu seinem väterlichen Freund, dem Posaunisten Sepp. Außerdem bin ich für eine Verehelichung noch zu jung. Ich habe als Bäckersohn die Gesellenprüfung für das Bäckerhandwerk. Und soll in der Backstube bereits den

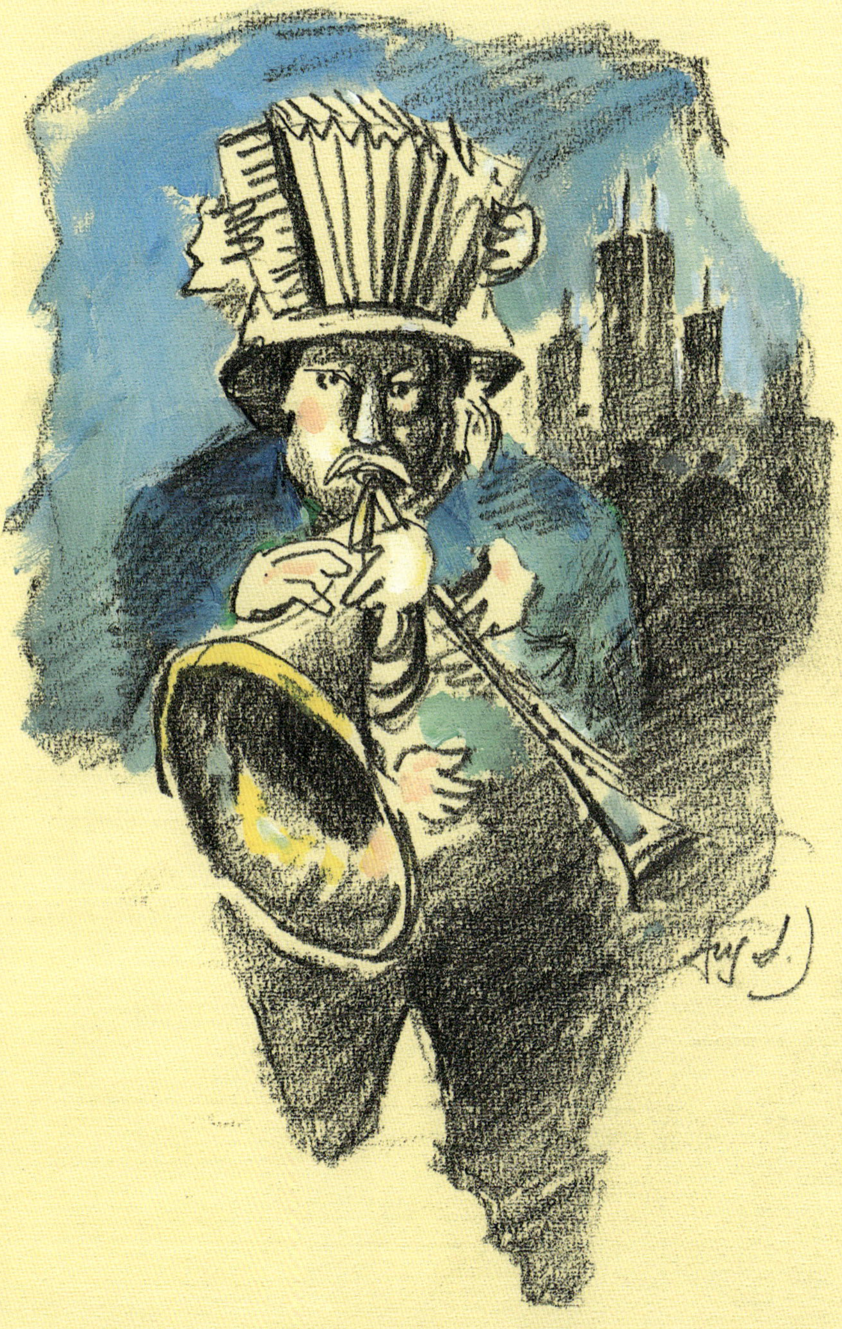

Chef spielen. Meine Mutter hat nach dem Tod meines Vaters einen Mechanikermeister geheiratet. Ich mußte schon als Bub von der Backstube in die Autowerkstatt. Da bin ich hin- und hergerissen. Die Mama meint, ich soll jetzt auch die Mechanikerprüfung machen. Ich habe keine Zeit für eine Liebschaft.«

Er bestand auch die Mechanikerprüfung und hat beide Berufe nun tatsächlich ausgeübt. Nach seiner Militärzeit – sogar als Militärmusiker zeitweise – hat er binnen zweier Jahre sowohl als Automechaniker, wie als Bäcker, jeweils den Meisterbrief erhalten.

Jetzt hatte er noch weniger Zeit. Durch seine angeborene Leidenschaft für die Musik fehlte er als Flügelhornist obendrein bei keiner Probe. Er wollte nur auch abwechselnd die Klarinette blasen. Mit der Harmonie spielte er zusätzlich noch bei den Tanzproben der Jugendgruppen auf. Dort sah er die heranwachsenden Mädchen den Kronentanz oder das Mühlradl üben. Mehr nicht. Gewiß die kleine Maurermeistertochter Monika mit ihrem üppigen Haar ist ihm etwas aufgefallen. Sie war mit ihren vierzehn Jahren auch die Älteste der tanzenden Jugend des Trachtenvereins gewesen. Er erzählte seinem väterlichen Freund Sepp einmal andeutungsweise davon. »No, Wastl, dann halt dich an diese Monika! Heutigentags sind die schöneren Dirndln schon mit fünfzehn Jahren vergeben.«

»Nein, ich lerne nicht noch das Maurerhandwerk dazu, ich studiere im Augenblick die Zither.«

Da muß die Kapelle zu einer Primiz ausrücken. Und besagte Monika ist die neue Marketenderin. Sie geht links neben dem Kapellmeister, gibt aber ihm, dem Flügelhornisten den zweiten Kittelschnaps. So viel Ehre hat er nicht erwartet.

»Hauptsächlich gefallen mir an der Monika die langen Zöpf'«, sagte während einer Probenpause Wastl zu seinem ihm vertrauten Posaunisten, dem Sepp.

»Hansdampf« antwortete der, »das mußt du ihr sagen.«

»Nein Sepp, das ist noch zu früh. Ich sag so etwas nur zu einer, die mir vorher bestimmt ist. Jetzt ist noch alles zu früh.«

So verging ein ganzes Jahr. Dann wurde der vielseitige Mensch eifersüchtig gemacht. Ausgerechnet vom Bombardon Hansi, der sowieso verheiratet war! Aber immer noch gelüsteten den die jungen Dirndln an. Und er hatte manchmal auch noch ein Glück mit seinen sündhaften Eskapaden. »Wahrscheinlich liegt das an seinem großen Instrument, dem Bombardon«, glaubte der junge Flügelhornist, Bäcker- und Mechanikermeister Sebastian.

»Ich misch' mich da nicht ein«, bedeutete der Herr Kapellmeister als es schon alle Kameraden zu wissen glaubten. Der Hallodri hat die linke Marketenderin

Monika schon wiederholt in seinem Auto heimgefahren. Von der Raitener Wallfahrt gerade so wie vom Trachtengaufest. »Es wird Zeit, daß man diese außereheliche Liebesgeschichte der Frau Gemahlin erzählt«, drohten die Klarinettistinnen.

»Aber Annerl, aber Leni«, beschwichtigte der Bombardon die vielleicht eifersüchtigen Kolleginnen: »Lieber bin ich in der Liebe ein Universalgenie als mit zwei Meisterbriefen und drei Instrumenten, wie in den mütterlichen Werkstätten und privaten Musizierstunden.« Mit der Schlagfertigkeit unseres Bassisten konnte sich keiner einlassen. Nicht einmal unser Chef.

Der nahm sich neulich nach der Probe unseren Flügelhornisten zu Herzen: »Sebastian, hast denn du keine Augen im Kopf? Von unserem Bassisten könntest du viel lernen. Der bläst nur seinen Bombardon, aber den hervorragend.«

Was kann ich von dem schon lernen? Fragte sich Wastl. Da lern' ja ich eher das Baßblasen. Der Gedanke ging ihm nicht mehr aus dem Kopf. Obwohl die Monika ihm nach jedem Aufmarsch das zweite Gläschen Schnaps servierte. Gleich nach dem Kapellmeister. Er trank es, bedankte sich und wunderte sich über die ehrende Aufmerksamkeit. Sie hörte von Wastls Kameraden oft von dessen vorbestimmter Liebestheorie: »Ich warte auf die, die mir vorbestimmt ist. Und die gibt es bereits. Aber noch ist es zu früh. Zunächst, liebe Freunde, erlerne ich den Bombardon.« Vom alten Schuster-Sepp hat er für 3 000 Mark beziehungsweise 1 500 Euro das Instrument erworben. Dazu hat ihm der Schuster gratis die wichtigsten Tubagriffe und gängigsten Blasübungen beigebracht. Vier Wochen später kommt der Wastl mit seinem großen Instrument in die Prob'. Die Kameraden haben gestaunt: »Jetzt kann er den Baß auch noch blasen! Jetzt beherrscht er ja vier Instrumente! Er ist unser Universalgenie.«

»Meinetwegen«, gab der Kapellmeister zustimmend nach, »Mittelstimmen haben wir eh genug.« Und er hat gleich den Einsatz für den schwierigen Tölzer Schützenmarsch gegeben. Der Bäcker- und Mechanikermeister ist keinen Ton schuldig geblieben. »Zufrieden«, lobte der Chef. »Marschieren wir halt mit zwei Bässen den kommenden Sonntag bei der Fahnenweihe des Greimelfinger Schützenvereins auf. Haben wir auch zwei Marketenderinnen.«

Alle haben die Anspielung gemerkt. Der Wastl nicht. Oder doch? Dem Sepp, seinem Freund, vertraute er nämlich bei der selbigen Probe noch an, daß er ab kommenden Ersten im Salon Margit das Friseurhandwerk erlernen werde. Wenn du's nicht weißt warum, dann sag ich dir's: »Weil ich die Haare von unserer Marketenderin einmal frisieren möchte.«

Und dann kam der große Festtag Greimelfings. Auch heute noch eine unbeschreibliche Festlichkeit! 52 Vereine sind zusammengekommen und wurden musikalisch begrüßt. Die Fahnenmutter stellte Sebastians eigene Mama vor. Unter den Ehrenjungfrauen die erste war die Monika, unsere linke Marketenderin.

So schön wie sie vorne am Altar gestanden ist und ihr Ehrenband an die neue Fahn' geheftet hat, so schön kann niemand sie malen, geschweige denn fotografieren.

»Mein Ehrenband sei dieser neuen Fahne eine Zier – und der neu geweihten Fahne folgen wir – getreu alle vom Schützenbund. Wir freuen uns mit Herz und Mund.«

Darauf sang der Chor, unter Begleitung unserer Blasmusik, die Bayernhymne.

Nach diesem festlichen Ereignis hat das Fräulein Monika noch mehr Verehrer gehabt. Und doch hat sie keinem ein Zugeständnis gemacht. In die Enge getrieben, hat sie dem Sohn und Erben des Installateurs einmal geantwortet: »Poussieren vielleicht, Maxl, aber mit dem anderen warte ich auf den, der mir bestimmt ist. Jawohl, den gibt es bereits. Ich muß nur Geduld haben.«

Sie brauchte viel Geduld, denn mit dem Erlernen des schwierigen Friseurhandwerkes, brauchte der Wastl über zwei Jahre. Obwohl er schon zwei Meisterbriefe hatte. Die Schuld daran hatte die erfahrene Meisterin Margit, die ihrem vielseitigen Gehilfen mehr beibringen wollte als nur das Haare legen und Haare färben.

»Gehört das zum Friseurhandwerk, Frau Margit?« fragte Wastl manchmal, wenn sie allein im schon abgesperrten Salon waren und der neue, alte Gehilfe mit ihr aufräumen mußte. Die Kameraden der Kapelle haben die reife Friseurmeisterin angestachelt, dem noch so unbeholfenen Wastl die Liebe zu lehren. Vielleicht hatten die Reden Erfolg? Genaueres läßt sich von der delikaten Geschichte nicht erfahren. Als ob sich die Liebe lernen ließe wie das Friseurhandwerk?

Monika, nun schon neunzehn, hat auch diese harte Zeit überstanden. Sie hat es sich in den Kopf gesetzt, daß der neue Bombardon und zweifache Handwerksmeister, ihr bestimmt war. Sie hat nie daran gezweifelt.

»Ich bin die Gerechte für ihn, obwohl ich die linke Marketenderin bin.«

Nach jedem Aufmarsch hat sie dem Herrn Kapellmeister das erste Glas Kittelschnaps angeboten. Aber dann gleich sehr freundlich dem Universalgenie der Kapelle. »Ja siehst Du denn nicht, daß Du bei ihr Chancen hast?«

Und dann kam die große Überraschung. Monika mußte ihren Sebastian heiraten. Die ganze Kapelle war baff. Sie haben von den Heimlichkeiten ihres Bassisten nichts gemerkt. Wastl spielte mit Absicht den Unerfahrenen und Schüchternen. Einstweilen war die Monika schon Monate seine Braut und wohnte bei ihm im Bäckerhaus. In aller Heimlichkeit selbstverständlich. »Niemand darf es merken, daß wir zwei schon lange füreinander bestimmt sind!«

Erst im vierten Monat fand die Hochzeit statt. Auf der Feier im Postbräusaal spielte der Bräutigam Bombardon, Flügelhorn, Ziehharmonika und Zither. Natürlich nicht gleichzeitig, wie es sein Kollege, der erste Bombardon, gefordert hat.

»Jetzt möchten wir nur noch wissen, wann die Vertraulichkeiten, von denen wir alle nichts gemerkt haben, angefangen haben«, sagte der Herr Kapellmeister in seiner schönen Hochzeitsansprache.

»Ja, das ist schon lange her«, erwiderte Wastl, »das geschah schon voriges Jahr auf der Fahnenweihe, wo mir die linke Marketenderin vor und nach dem Kirchenzug ein Stamperl Schnaps eingeschenkt hat. Da hat es mich zum erstenmal gerissen und ich hab mir gesagt: heut oder nie. Unter der Heiligen Messe, wir sind sehr kommod direkt neben dem Altar gestanden, sie, die Marketenderin, vielleicht gar absichtlich neben meiner. Kein Mensch konnte es sehen, nicht einmal der Herr Pfarrer. Da hab' ich ihr das Schürzl aufgebunden. Und dann gleich wieder viel enger zugebunden. Damals hab' ich ihr ins Ohr geflüstert: »Moni, liebe Monika, heut noch möchte ich mich mit dir verloben. Ich trau' mir, denn du bist die mir Vorbestimmte. Aber merken soll es niemand. Ich zieh' heut Nacht ins Bäckerhaus. Diese Wohnung ist gleich neben der deinen. Und ich steckte ihr den Schlüssel zu.«

Zu seinen zwei Meisterbriefen und dem Gesellenbrief für das Friseurhandwerk, den vier Instrumenten, die er beherrschte, übte er fortan nur noch der Liebe zur Monika. Und warum so spät und so heimlich? – Weil halt doch die heimliche Liebe am heißesten brennt. Und das wichtigste einer jungen Liebe, das Wartenkönnen ist.

Seine handwerkliche, musikalische Vielfalt hat er nach der Geburt seiner Tochter Cäcilia wieder aufgenommen. Er ist und bleibt halt unser Universalgenie. Was seiner Frau hoffentlich niemals leid tun möge!

Ja sagt unser Kapellmeister als Taufpate des dritten Sohnes beim grüabigen Kindlmahl: »Instrumente kann einer ziehen und blasen und zupfen so viel seine vielseitige Begabung hergibt, Frauen gern haben soll er nur eine, die Gerechte, die ihm von Anfang an bestimmt war. In der Liebe nämlich gibt es kein Universalgenie.«

Und wir alle klatschten scheinheilig, sogar der erste Bombardon Hansi.

Der beleibte Posaunist

Die Pfarrkofener Blasmusik kann sich sehen lassen. Natürlich auch hören. Aber weil das marktähnliche stattliche Dorf inmitten einer gesegneten Ökonomie liegt, sehen die Musiker nicht unterernährt aus. Der Posaunist Josef ist auffällig. Er wiegt über hundert Kilo, ist aber nur 1 Meter 75 groß und zählt erst 26 Jahre. »Ich wieg' mich nicht gern, Kameraden, weil jede Waag' anders geht. Die eine zeigt 120 Kilo, die andere dann doch wieder nur 110. Nichts Genaues weiß man da nicht. Die Konstante seines Gewichtes kennt keiner.«

Neben der Posaune sitzt er im Postauto und fährt Briefe, Zeitungen und kleine Pakete aus. Er geht ungern zu Fuß, hupt eher, daß man ihn hört und die Einschreiben oder amtlichen Zustellungen an seinem gelben Postauto abholt: nicht immer, aber meistens, denn die Leut' kennen ihn. Manche Bäuerin wartet schon auf ihn. »Seppi, hast a Post?« Einstweilen schreibt kein Mensch mehr Liebesbriefe. Das Mädchen, das ihm in die Augen sticht heißt Angelika, Angi genannt und

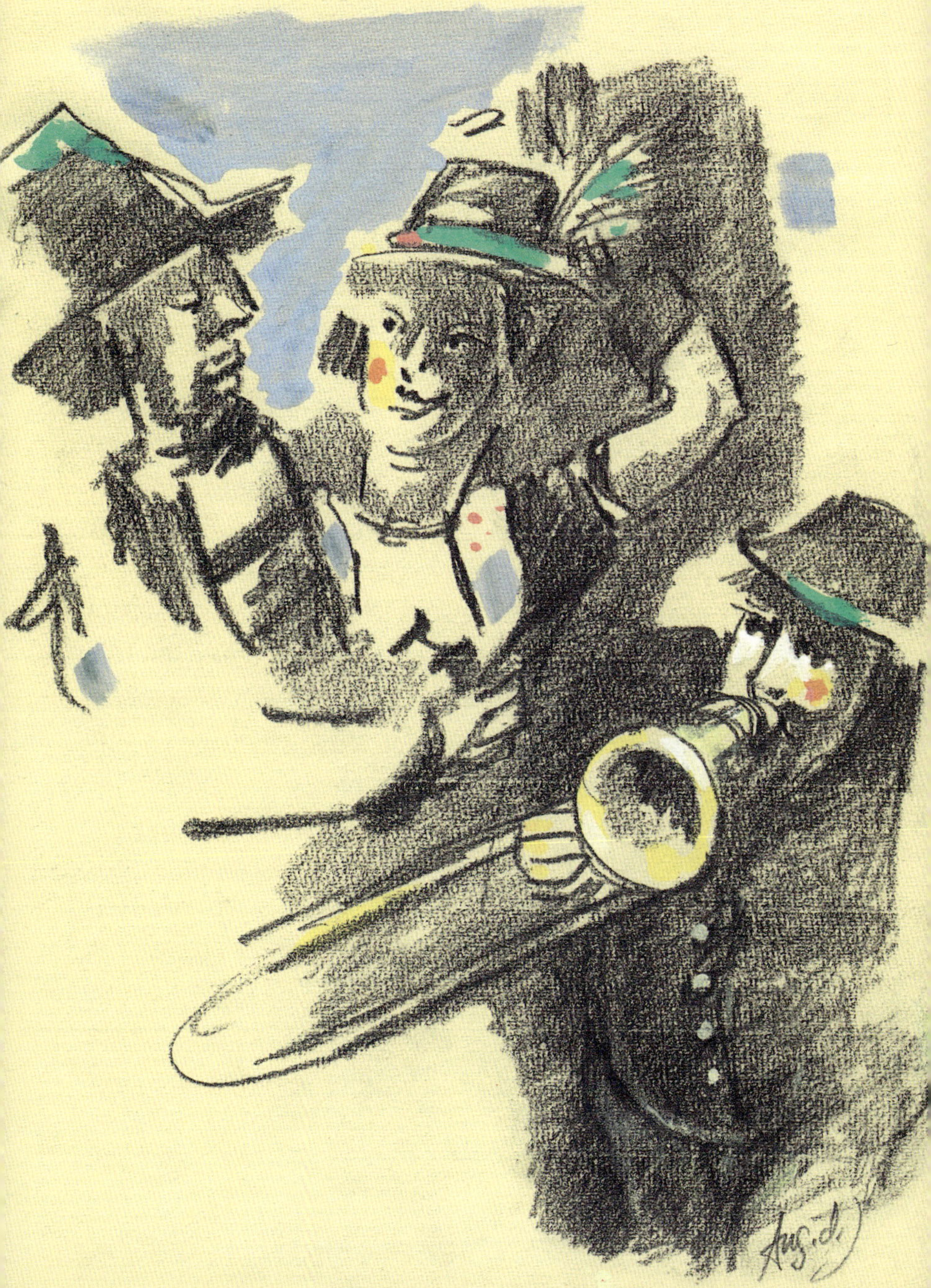

arbeitet beim Herrn Doktor als Arzthelferin. Sie ist klein, sehr schlank und wiegt kaum hundert Pfund.

»Das wird nie etwas, Josef, denn für die Angi bist du um das Doppelte zu schwer. Daß du bei der einmal Chancen hast, mußt du gehörig fasten, nicht jeden Tag fünf Wurstsemmeln kau'n in deinem Postauto.« So hänselten ihn die Kameraden und er mußte es sich gefallen lassen.

Plötzlich ist es ihm zu dumm geworden. Als der Ludwig mit der Trommel, ein Liebhaber alter Sprüche, noch hinterkünftig hinzugefügt hat: »A Müader mag rasten, a Foaster muaß fasten. – Und du bist leider ein Raster. Trag' doch zu Fuß die Post aus, wie deine Vorgänger!«

Daraufhin hat er spontan den Entschluß gefaßt: ich magere ab. Ich faste so lange bis ich nur noch 90 Kilo wieg'. Was sag' ich, neunzig? Fünfundachtzig. Und weil der Bruder der Angi der Klarinettist war, befahl er ihm, dieses der Angi zu erzählen.

Bitte, wenn sie es selber hören will, ich geh' morgen eh zum Doktor und laß mir eine Fastenkur verschreiben. Da sag' ich es ihr dann persönlich.

Der Herr Doktor schüttelt den Kopf und meint: »Sie sind kerngesund, mein Herr, sie brauchen nur ein wenig Sport treiben, weniger essen und trinken und das Gewicht wöchentlich einmal kontrollieren.«

Daraufhin schwor er der Angi, die seine 116 Kilo gewogen hatte, daß er – ihr zu Liebe – bis Ostern dreißig Kilo abnehmen werde. Aber nur, wenn sie ihn dann mag. Und zwar so sehr, daß sie ihn auch heiraten wolle. Ein merkwürdiger Ehevertrag, Wochen vor der Verlobung! Bald wußte davon die ganze Kapelle, das Postamt, das Rathaus und der Pfarrhof. Denn eine Schwester Angis arbeitete im Rathaus und ein Bruder Josefs im Pfarrbüro. Ganz Pfarrkofen war gespannt. Josef, der Postbote und Posaunist der Kapelle stand im öffentlichen Interesse. Auch die Freundinnen Angelikas besprachen den Fall. »Wenn er nicht abmagert, dann nimmst ihn nicht. So einen Dickwanst kannst du nicht mögen. Außerdem hat er es dir geschworen.« Andere meinten: »Für so einen Dicken bist du so und so zu dünn. Soll er sich doch in die Müller Resi verlieben, die bringt selber 100 Kilo Mitgift mit!«

Und immer wieder die Kameraden in der Kapelle. Sie verleiteten den Hungernden zu einer Brotzeit, zu einer Maß Bier oder zu etlichen mitgebrachten frischen Bretzeln. Sogar Würst' und Aufschnitt hatten nun auf jeder Musikprobe etliche Kollegen dabei. Doch Josef blieb eisern. Er lehnte höflich und dankend ab. Auch in der Post waren sie vorsorglich. »Josef, eine Brotzeit für unterwegs!« Und es waren vier Wurstsemmeln in der Tüte. Er hat sie unberührt zurückgebracht. Die

Bäuerinnen in der Umgebung wollten ihn mit harten Eiern verwöhnen oder mit Butterbroten. »Aber gern, Hofbäuerin, grad heut net, heut muß i fasten.« Er hatte ein Ziel und die Liebe half ihm, es zu erreichen.

Der Lohn ließ nicht auf sich warten. Auf der medizinischen Waage staunten sie in der Arztpraxis alle nicht schlecht: Josef wog nur noch 103 Kilogramm. Er stieß einen Juhschrei aus und wollte seine Angi küssen. Die aber schob ihn zurück. Und alle Anwesenden sagten: »Erst zu Ostern mit 85 Kilogramm!« Im Detail wußte die ganze Gemeinde Pfarrkofen Bescheid. Josef war eine Berühmtheit geworden.

»103 Kilo ist doch ein gewaltiger Fortschritt in nur zehn Tagen! Von 116 auf 103! Da hab' ich nicht nur einen, da hab' ich 13 Küsse verdient.« –

Doch die schlanke Angelika war ein ehrliches Dirndl und sagte vor dem Herrn Doktor, dem Josef und ihrer Kollegin: »Wenn du am Ostertag früh 85 Kilogramm wiegst, nehm' ich dich. Das Versprechen gilt.« Sie reichte ihm die Hand. »Aber von jetzt ab geht es schwerer mit dem Abnehmen. Und du hast nur noch drei Wochen.«

Da ließ sich Josef hinreißen, voller Freude über das gegebene Versprechen übertrumpfte er sich und rief: »Was 85ge? 81 Kilo bring' ich dir am Ostertag auf die Waag'!«

Hätte es eine Zeitung gegeben in Pfarrkofen, in dicker Schlagzeile wären diese versprochenen 81 Kilogramm auf der ersten Seite gestanden. Aber das hat es nicht gebraucht. Den kommenden Tag wußten es alle interessierten Gemeindemitglieder. Sogar der Herr Bürgermeister und der Herr Pfarrer haben es gewußt. Während der abendlichen Musikprobe machten die Kameraden ausgiebig Brotzeit und tranken Bier. Josef, der immer noch beleibte Posaunist, trank Mineralwasser aus dem Keferloher. Und immer wieder prosteten ihm die boshaften Kameraden zu: »Das Fasten ist eine Lust, daß es so schwer fällt, hab' ich nicht gewußt.«

Der Herr Kapellmeister mußte etliche Male zum Proben mahnen. »Freunde, versucht mir den Josef nicht zu sehr, er hat es ohnehin nicht leicht.«

Der Herr Doktor, die Angelika und drei Freunde von der Blasmusik als Zeugen, lasen acht Tage später 94 Kilogramm ab. Und weil sie wegen einer anschließend stattfindenden Hochzeit ihre Instrumente dabei hatten, bliesen sie einen Tusch. Der Tusch hat sich bei den kommenden »Wiegefesten«, wie sie es nannten, weiterentwickelt. Bald bliesen sie zu siebt und neunt den Tusch und fügten den Herzog-Albrecht-Marsch dazu. Diese »Wiegefeste« machten die Liebesgeschichte unseres dickleibigen Posaunisten noch bekannter. Auch wurden Wetten abgeschlossen.

»Man kann nur mit der Liebe fasten. Alle anderen Schlankheitskuren sind ein reiner Schwindel. Ich faste in großer Liebe zu meiner Angelika. Und im Mai feiern wir vielleicht schon Hochzeit«, posaunte Josef in die Pfarrkofener Welt.

»Guate Lust hab' i und wieg' am Ostertag nur noch lumpige 79 Kilo«, sagte er beim Wiegenfest drei Tage vor dem Palmsonntag. Er brachte in der kurzen Unterhose nämlich nur noch 88 Kilogramm auf die medizinische Waage. Die Kapelle spielte nach dem Tusch den Tölzer Schützenmarsch.

Da feiert die Gemeinde, anläßlich des dreißigsten Jahrestages der Verwaltungsgemeinschaft mit den Kirchenzellern einen Gedenkabend. Für die Musikanten hat es eine Schlachtschüssel gegeben! Und Bier nach Herzenslust. Dazu frische Bretzn und anschließend Kaffee und Torten. O mei!

Josef hat lange widerstanden. Dann hat er nur eine halbe Portion sich bringen lassen, ein »Kinderteller«. Eine Semmel hat er gegessen, eine Tasse Kaffee getrunken und eine halbe Torte schnabuliert. Zwei Liter Minerale hat er getrunken und nur drei Quartel Bier. Und diese drei Quartel hat er selber wieder vergessen.

Den übernächsten Tag, an einem Gründonnerstag, steigt er auf die Waage und alle rufen voller entsetzen aus: »Es sind fast 90 Kilo!«

Sie spielten keinen Tusch. Nur den Trauermarsch. Josef saß verzweifelt da und sah seiner Arzthelferin niedergeschlagen in die Augen. »Angi, glaub' mir's, i fast' wie ein Araber im Ramadan, iß untertags keinen Bissen. Als Mittagsmahl nur einen Apfel. Und abends eine einzige Wurstsemmel! Und heut bring' i 89 Kilo! Wahrscheinlich muß die Waag' geeicht werden.«

»Mein Gott, Josef«, tröstete der Herr Kapellmeister, »Rückschläge gibt es überall. Der Herr Bürgermeister hat uns halt mit der Schlachtschüssel zu sehr verwöhnt.«

»Freunde, wenn alle Strick' reißen am Sonntag, dann müssen wir die Waag' ein wenig manipulieren. Ein ganz klein wenig nur!« Flüsterte Josef den Kollegen ins Ohr. »Nur ein ganz klein wenig!«

»Jetzt hast du nur noch dreieinhalb Tage! Zum Fasten aber braucht der Mensch viel Zeit. Du kannst nicht sagen: Gestern hab' ich zweimal eine Stunde gefastet und heut wieg' ich wieder ein Kilo mehr«, tröstete der gelehrte Herr Doktor und kümmerte sich um den Nächsten.

»Aber Josef, am Gesicht merk' ich es dir schon deutlich an, daß du abzumagern scheinst, an deinem Umfang weniger«, lachte die künftige Braut. Der Posaunist und Postsekretär aber rief: »Mein Umfang? Da lang amal her! Die Hosn ist mir viel zu weit geworden. Um guate drei Finger. Glang her!« Sie hörte auf ihn nicht mehr, verschwand, schlank wie ein Geigenbogen mit einem Patienten ins dunkle Röntgenzimmer.

»Mei, hat die eine Ahnung, wie groß mein Hunger, beziehungsweise meine Liebe wirklich ist? – Ich bin halt einmal so ein Schlag. Ich gerate der Mama nach. Die hat von der Erholungskur heim müssen, weil sie heimlich gegessen hat. Aber ich bleib' eisern. Zum Nachtmahl ess' ich jetzt nur noch einen Apfel und trink' drei Tassen Tee. Ohne Zucker!«

Am Samstag in der Früh wiegt er tatsächlich nur noch 84 Kilo. Die halbe Kapelle war dabei und auch die Angi. Der Herr Doktor war seit Karfreitag in Kurzurlaub. Angelika durfte die Schlüssel der Praxis eigens wegen der medizinischen Waage behalten.

Manche Festlichkeiten hat Josef mit seiner Posaune direkt geschwänzt. So etwa den sechzigsten Geburtstag der Frau Bürgermeisterin. Wo es Rehragout mit Hauberling gegeben hat. Auch die Grabmusik am Karfreitag vor dem Grab Jesu. Mit anschließendem Kaffee im Pfarrhof. Josef kannte diese Gefahr, denn voriges Jahr hat er drei Stück Kuchen und sieben harte Ostereier gegessen.

Heuer war er unverführbar. Auf der Post haben die Kollegen das Wurstsemmelpaket gestrichen, keine Bäuerin, keine Hausfrau, niemand konnte ihn mehr verführen.

»Am Karsamstag hab' i nix wia a Stückl Brot und drei Liter Leitungswasser getrunken, sogar aufs Minerale hab' ich verzichtet. Die Angi wird morgen schaun! Um guat vier Finger ist mir die Lederhosn zu weit. Und gestern hat mir die Hofbäuerin gsagt: Ja, Herr Schnittmeier, sind sie krank, weils gar so schlecht ausschaun?«

Dann war es plötzlich Ostertag früh: Josef verzichtete auf das Frühstück. Nach der Kirche ging die ganze Kapelle in die Doktorpraxis zur medizinischen Waage. Auch der Herr Bürgermeister, der Herr Pfarrer und viele andere Neugierige waren anwesend. Josef legte die Posaune weg und zog sich aus bis auf eine schmale Unterhose. Die Waage zeigte 79 Kilo. »Wannst dös Gwicht von der Unterhose abziehst, dann sinds nur 78,8«, jubilierte Josef und schloß seine sündhaft schlanke Braut in die Arme.

»Josef, jetzt muß ich dir vor allen Leuten ein Bussi geben.« Es wurde daraus ein Kuß. Dann sagte sie zu ihrem ausgehungerten Bräutigam: »Ach, mein lieber dummer Josef, ich hätte dich auch mit 99 Kilogramm mögen!«

»Ja, ich Riesenrindviech! Jetzt eß ma gleich alle Osteroar zsamm. – Und bis zur Hochzeit, dös versprech' ich dir, hab' i wieder hundert Kilo.« Darauf intonierte die Kapelle eine Polka. Und die Leute haben getanzt.

Bald darauf haben sie geheiratet. Die Ehe tut seinem Gewicht gut. Er pendelt zwischen 85 und 95 Kilo. Aber sie, die Angi, nimmt zu. Man kennt es bereits. Wahrscheinlich muß sich der Herr Doktor um eine neue Helferin umschaun.

Reiß ma' oan oba!

Der is guat dron,
Der Zithern schlagn konn.
Weil wo a Zithern klingt
Oft aar a Dirndl singt.

Und bist amal verstimmt
Weils öfters anders kimmt,
Greif gschwind in d'Soatn ein:
Weg is der Grein.

Und hast aa schwaare Stund',
Die überlebst du gsund
Wenn du an Herrgott preist
Und gschwind oan oba reißt.

Die Zither hat eine uralte Geschichte. Die Römer und Griechen haben sie gespielt. Damals hatte das Instrument weniger Saiten. Um 1840/50 ist unsere Zither dann ein Modeinstrument geworden, weil sie nicht nur die Holzknechte und Sennerinnen gespielt haben, sondern auch hochadelige Herrschaften, wie Seine Königliche Hoheit Maximilian, Herzog in Bayern, genannt der »Zither-Maxl«. Dieser bayerische Herzog hat mit seiner Tochter Elisabeth, der späteren Kaiserin von Österreich, in den abgelegensten Almhütten und Bauernwirtshäusern aufgespielt.

Seinen Zitherlehrer Johann Petzmayer hat er zum Kammervirtuosen ernannt. Damals ist das »Zitherschlagen« sogar in Niederbayern und in der Oberpfalz heimisch geworden. Bauernsöhne und auch Bauerntöchter haben das Zithern erlernt. Mein Großvater hat noch erzählt, daß ein Taler in den Resonanzkasten der Zither gelegt, das Instrument erst »reisserisch« gemacht hätte. Daß man dann auch gesagt hat: Reiß ma' oan oba!

Sie haben der Zither auch Herzenstöne entlocken können. Und der Wirt von Tegernbach hat diesen Ausspruch getan: »Man möchts net glauben, was man aus dem Holzkastl für an Ton ausserlocka kann! Der steigt oan ins Herz obe, bis auf dös Fleckerl, wo's Lebendige sitzt.«

Und noch weiter, wie die Geschichte von zwei Brüdern es aufzeigt, die für ihr Leben gern die Zither geschlagen haben. In der Ganghofer Gegend haben sie gelebt, auf dem Singldinger Hof, der Anderl und der Mathias. Mathias war der Bauer und der Anderl war sein Knecht. Mathias war drei Jahre lang

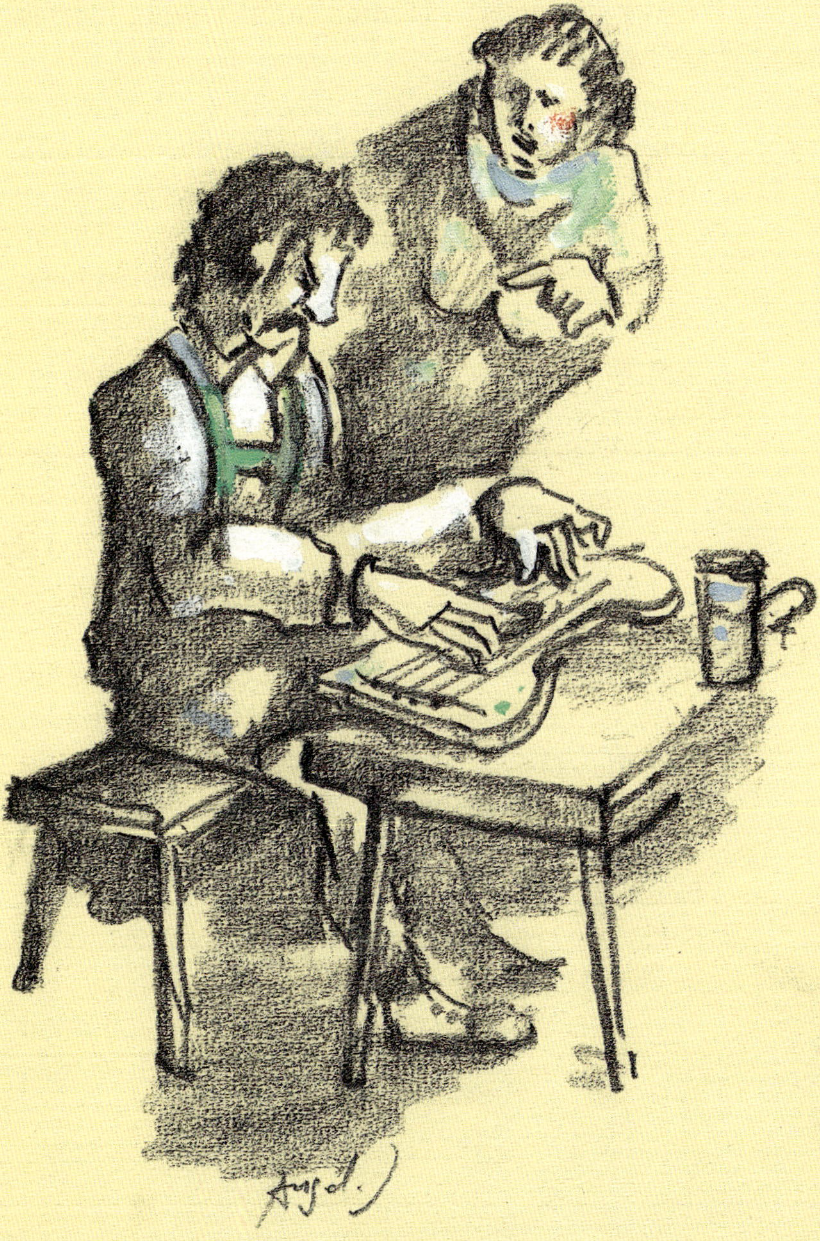

verheiratet. Da stirbt seine junge Bäuerin Maria auf dem Kindsbett. Der Verdruß läßt sich denken. Bauer und Knecht hat die Trauer fast erdrückt. Der Herr Pfarrer mußte öfters vorbeischauen und den beiden gut zureden, daß sie sich nichts angetan haben. »O, mei, Hochwürden, a Bua waars gwen!« – Der Pfarrer verordnete den beiden das Zitherspielen, das sie ohnehin schon ziemlich gut beherrscht haben. Nach dem Unglück und dem tragischen Tod der Bäuerin Maria auf dem Kindsbett sollten sie jetzt dreimal täglich einen aufspielen. In der Früh, zu Mittag und auf d'Nacht. Und wirklich, sie sind mit ihrem »Kraigadern«, wie sie das schöne Instrument gern genannt haben, ihrer Schwermut Herr geworden.

Das Zitherspielen-Müssen ist ihnen allmählich zur Freude geworden. Sie haben sich teuere neue Zithern angeschafft, haben neue Märsche und Landler eingeübt und haben ihre Instrumente immer flotter beherrscht. Dem Singldinger Hof ist nichts abgegangen. Fürs Hauswesen haben sie eine Köchin gehabt, zum Melken eine Schweizerin. Gemistet haben sie eigenhändig den Pferde- und den Schweinestall. Die Felder hatten beste Bonität und breiteten sich um das Haus aus. Sie waren fleißige Bauern und dem Hof ist nichts abgegangen. Wenigstens die ersten Jahre nach dem Tod der Bäuerin hat man keine Klage gehört. Obwohl daß die beiden

viel Zeit mit dem Zitherspielen vertan haben. Schließlich ist ihnen der Kraigadern zur Hauptsach' geworden.
In der Früh sind sie schon um halb fünf Uhr aufgestanden. Die Mägde blieben noch im Bett. Sie hörten ja die Zithern von Bauer und Knecht, denn noch ehe die beiden in den Stall sind, haben sie am Stubentisch, auf dem Tag und Nacht die beiden Instrumente spielbereit waren, haben sie sich einen aufgespielt. Haben sie, wie sie es nannten, geschwind einen »heruntergerissen«. Dann erst sind sie in den Stall. Jetzt sind auch die Mägde aufgestanden. »Die Mannsbilder sind überall ein bißerl seltsam. Die unsern gleich gar!«

Mitten unter dem Stallmisten hat auf einmal der Anderl im Roßstall zum Mathias im Kuhstall hinübergerufen: »Mathias, reiß ma' gschwind oan oba?« Und hinein sind sie in die Stuben und haben einen heruntergerissen.

Gern haben sie aus Herzog Maxens Liederbuch das Jagerische Liedl aufgespielt, wo es in einer Strophe heißt: »Heruntn leicht Jager derfragst, auf Hasn und Henner und Füchs', aber obn wo s'Edelweiß blüaht, da taugn halt die mehristen nix.« – Obwohl die niederbayerischen Bauern aus der Gangkofener Gegend gewesen sind. Sie haben halt eine Phantasie gehabt. Gesungen haben sie dazu nicht. – Nur »stad in der Brust«. Gleich drauf haben sie den Zitherring aufs

Griffbrett gesteckt und sind wieder in ihre Ställe hinaus. Daß sie ja ihre Arbeit ordentlich verrichtet haben. Vor und nach dem Frühstück haben sie auch manchmal einen heruntergerissen.

Bald nach dem Tod ihrer jungen Bäuerin haben sie sich einen zweiten, ganz eigenen Zitherspieltisch schreinern lassen. Einen, wo sie stehend haben spielen können. Für die Flötz, dem Hausgang – daß der Weg von Stall und Feld herein kürzer war, daß sie mit dem Hinsetzen nicht so viel Zeit vertan haben. Nach dem Frühstück, nach der Suppn, wie sie damals gesagt haben, haben sie ihre Kraigadern in die Flötz hinausgetragen und auf den neuen Spieltisch gestellt. Aber keiner hat ans Wiederheiraten gedacht. Das wär' auch schon langsam zu spät geworden.

Hat das Mistfahren getroffen, haben sie gleich nach der Suppn das Mistauflegen angefangen. Alle zwei haben flink gearbeitet in der Miststatt. Die Pferde waren am Mistwagen schon angespannt. Aber auf einmal, es war das Fuder erst halb aufgeladen, hat der Mathias einen Juhschrei getan, hat die Mistgabel in die Miststatt gesteckt und hat geschrien: »Juhuhuhui, Anderl, geh' weiter, reiß ma' oan oba!«

Jetzt hat der Anderl seine Gabel auch eingerammt und ist mit dem Mathias in die Flötz, hat den Zitherring angesteckt und es haben die zwei Singldinger

Bauern wieder einen »obagrissn«. Aber schon einen ganz Flotten, eine Polka oder einen Zwiefachen, daß die Rösser in der Miststatt die Ohren gespitzt haben.

Hinaus sind sie wieder in die Miststatt, haben das Fuder brav voll geladen und mit Peitschenknallen auf den Weizenacker gefahren. Sie haben abgehackelt und den Mist auch gleich ausgebreitet, damit ihre Mägde keine Arbeit hatten und im Haus bleiben konnten.

Sind halt seltsame Loder, die zwei Musikanten. Aber brave Mannsbilder und flinke Arbeiter. Ihre Pferd' sind die musikalischen Angewohnheiten ihrer Herren gewöhnt. Sie bleiben stehen und spitzen die Ohren. Denn auch während des Mistabhackelns konnte es passieren, daß auf einmal der Anderl – und war der Wagen erst zur Hälfte abgeladen – daß da auf einmal der Anderl seinen Hut in die Höhe geworfen hat, einen Juchezer ausstieß und dem Mathias zugerufen hat: »Hiase, sama lustige Buabn, reiß ma' oan oba!«

Das ließ sich der Mathias nicht zweimal sagen. Er hat den Misthackel stecken lassen im halb abgeladenen Fuder und ist mit seinem Bruder dem Haus zugelaufen, daß die Hühner auseinander sind. Geschwind sind sie an ihren Zithertisch im Hausgang und haben stehend einen heruntergerissen. Daß es gar die Nachbarn in der Einöd' gehört haben. »Sie treibn's allerweil ärger!« Sie haben auch immer besser und volltönender ihre Instrumente beherrscht. Sie haben wirklich einen »heruntergerissen«, daß gar im Saustall die alte Ferkelsau das Grunzen vergessen hat beim Säugenlassen ihrer neun Ferkel.

Die Tage und Jahre sind ihnen schnell vergangen. Denn zum Musizieren braucht der Mensch viel Zeit. Mit dem ständigen Hin- und Herrennen sind ihnen die Tage allmählich zu kurz geworden. Vom Stall in den Hausflötz, dann wieder an den Stubentisch! Und das ewige Hin- und Hertragen der beiden Zithern und das Stimmen dieser empfindlichen Instrumente hat Minuten ja Stunden gedauert.

Sogar beim Kornmähen unter der strengen Erntezeit haben sie das Zitherspielen nicht vergessen. Daß die eingestellten Frauen, die die Garben binden mußten und die übrigen Aushilfskräfte, die Mäher und Stocksetzer aus dem Brotzeitmachen nicht mehr herausgekommen sind und in drei Pfarreien im Umkreis lachend gesagt wurde: »Auf dem Singldinger Hof ist die Arbeit lustig, da helf' ma' gern!«

Und dann sind sie älter und älter geworden und haben nicht mehr jede Nacht durchschlafen können. Da sind sie dann um zwei oder drei Uhr heraus aus der Schlafkammer, hinunter in die Stuben und haben im Nachthemd einen heruntergerissen. Obwohl, heißt es, daß das Zitherspielen jung hält, aufeinmal haben sie nicht mehr recht laufen können, haben sich nicht mehr schwer zu heben getraut, haben es im Kreuz gespürt und haben die Nacht über gar zweimal und dreimal aufstehen müssen.

Und das nicht mehr nur zum Zitherspielen! Mit dem Hof ist es auch etwas bergab gegangen. Statt sechs haben sie nur noch vier Kühe gehalten. Da hat den zwei Brüdern anno 1937 – mitten unter der »Erzeugungsschlacht« eines autonomen Nazideutschlands – der Herr Kreisbauernführer ihnen die »Bauernfähigkeit« absprechen wollen.

Vielleicht auch auf Betreiben einer Erbnichte zweiten Grades. Nichts Gewisses weiß man heute nicht mehr. Nach dem Schreiben aus dem »Reichsernährungsamt« haben die zwei noch eifriger und schneller gespielt. Bei der Arbeit wollten sie sich nichts nachsagen lassen. Sie sind noch geschwinder hin- und hergerannt wie früher. Vom Stall in die Stuben und vom Feld in »die« oder den Flötz. Jede Stunde schier haben sie einen heruntergerissen. Auch simple Schnaderhüpfelweisen, weil die doch kürzer sind und man weniger Zeit vertut. Sie haben dazu die Texte geflüstert: »Zwoa Bettlmanner und ein Eisenbahner, a Klaubauf und a Nikolo, die san mitnander auf Altötting ganga und san heut no net da.« Darauf zitherten sie noch den Allerweltslandler und rannten wieder zur Arbeit. Die Bauernfähigkeitserklärung hat sich noch etliche Wochen in die

Länge gezogen. Bei einem ihrer nächtlichen Märsche haben die zwei plötzlich einen mageren Mann in der Flötz gesehen, einen »Sperren« mit einem schwarzen Umhang.

»Anhan«, redete ihn der Andreas an, »hast du unter deinem Mantel ein Instrument versteckt, Brüaderl?«

Der Mathias wehrte ab und spielte noch geschwinder: »Mit uns kann net a jeder mitspieln. Mir beherrschen unser Instrument und spuiln meistens allegro.«

Da lachte der »Spitznniggei« und antwortete: »Guat, Brüaderl, dann packen wir es.« Er schlug seinen Mantel auf und zeigte sein Klarinettl. »Mit euch spiel' ich leicht mit! Dischgriern ma' net lang, auf drei geht's los!«

Und sie rissen mit dem fremden Klarinettisten einen herunter. Einen noch viel schnelleren wie den Klarinettenmuckl.

Den andern Tag fanden die Mägde die zwei Singldinger Brüder tot über ihren Instrumenten liegend auf.

Sie sind sofort in den Musikantenhimmel gekommen. Und die Heilige Cäcilia hat ihnen persönlich die Tür aufgemacht.

»Ja grüaß enk God«, sagts mitten unter ihren musizierenden Englein, »endlich wieder einmal Musikanten, die man mögen kann. Kemmts no grad einer in meinen himmlischen Musiksalon. I hab' eh sehr wenig Zugang. Weil die Disharmoniker mag i net. Und bittschön spielts nur grad glei ein auf: Reißts oan oba!«

Die Wallfahrt

Unsere Musik hat vierzehn Mann. Jedes Jahr machen wir eine Wallfahrt. Nicht nur weil es der Brauch ist. Auch daß wir unsere schöne Harmonie erhalten.

Aber so eine Wallfahrt ist eine Aufregung. Und jedesmal passiert etwas anderes. Manchmal auch etwas Ungehöriges. »Enzian und Almenrausch« heißt unsere Kapelle. Boshafte übersetzen das mit »Enzian und Allweilrausch«. Das ist eine zu böse Übertreibung. Unsere Musikanten sind gewiß keine Betbrüder, doch die jährliche Wallfahrt bedeutet ihnen allen etwas Schönes und Freundliches. Dazu kommt, daß jedermann der Kapelle freundlich entgegenkommt. Der Omnibusunternehmer Numberger verlangt fast nichts. Alle sind wir in der besten Stimmung und haben auch unsere Instrumente dabei. Sogar im Omnibus spielen wir etliche Stücke.

Aber wohin sollen wir jedes Jahr fahren? Darüber gibt es lange Debatten. Das Ziel soll ein berühmter und wundertätiger Gnadenort sein und mit einem Heiligen, meistens ist es ein marianischer Gnadenort. Auch die selige Irmingard im Chiemsee war schon wiederholt unser Endpunkt gewesen. Denn Wert legen wir auch auf eine Wallfahrereinkehr mit einem guten Bier.

»Darum fahren wir halt wieder nach Andechs, Freunde, denn so gut treffen wir es in ganz Bayern nicht mehr an. Aber in Andechs waren wir ja erst vergangenes Jahr. Also kommt heuer Tuntenhausen dran mit den Blasengeln auf dem Kirchenchor. Nein, Altötting wär' wieder einmal daran. Oder fahren wir nach Italien zum Heiligen Antonius nach Padua, daß jede Frau ihren verlorengegangenen Mann findet. Und unser Herr Kapellmeister Toni heißt.« – Nein, meint der Chef unserer Kapelle, »wir fahren gleich lieber nach Buxtehude.« – Aber dieses Buxtehude liegt nicht in Bayern. Und von einem Heiligen in Buxtehude wisse man nichts.

Unsere Kapelle fährt natürlich mit Begleitung. Damit sind nicht die Begleiter, die Baßtrompeter etc. gemeint, damit sind die Ehefrauen und Lebensgefährtinnen gemeint, oder die »festen« Freundinnen. Noch vor dreißig Jahren haben das die »Verlobten« sein müssen. Kein Vergleich zu der Sittenauflockerung unserer christlichen Gesellschaft. Wo bald der Klarinettist die vorjährige Freundin des Flügelhornisten und der Baßtrompeter die Exfrau des Bombardon dabei hat.

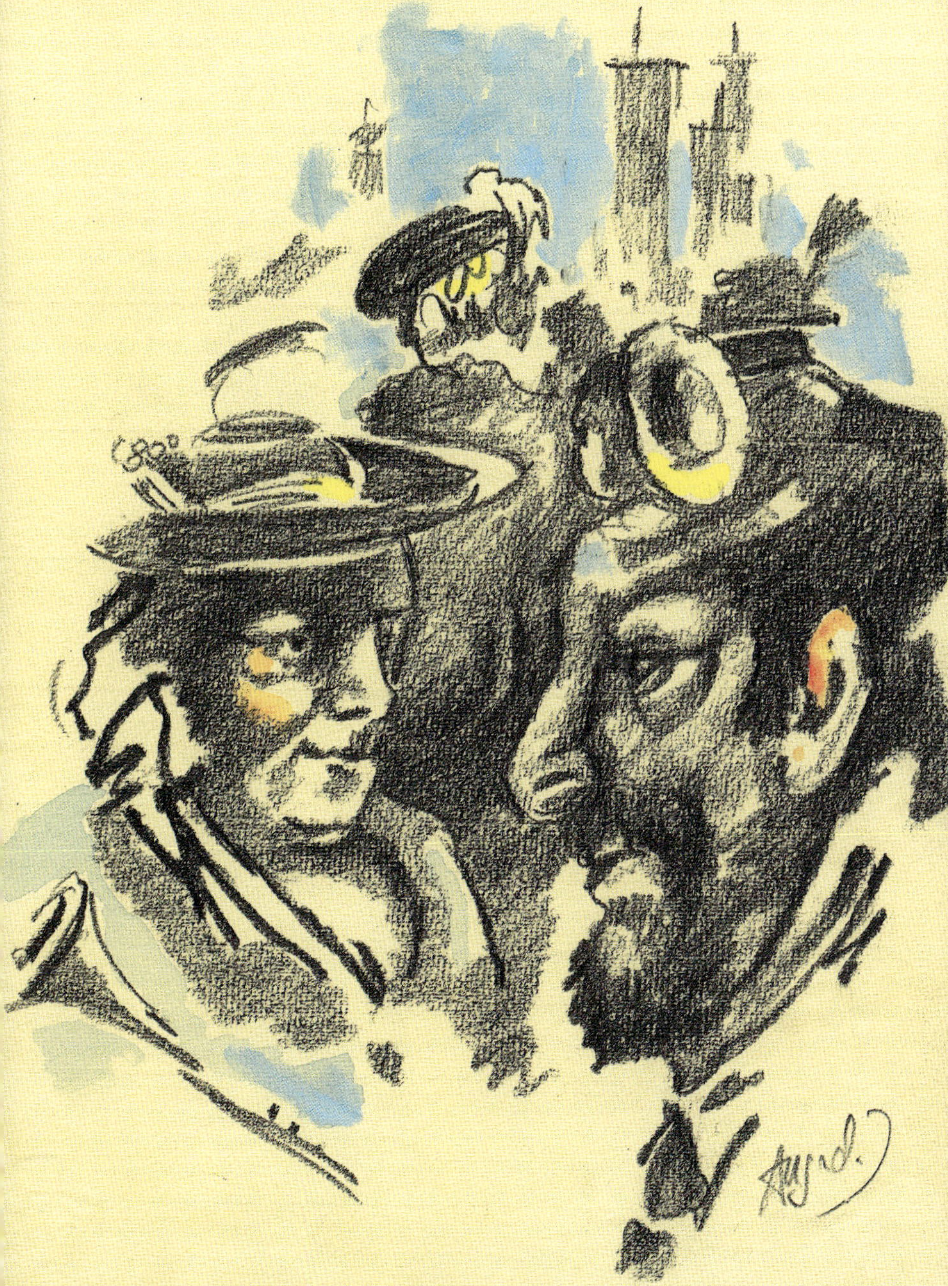

Trotz dieser Sittenauflockerung wollen sie alle eine Wallfahrt machen! Und gerade auf diesen musikalischen Wallfahrten kommt es immer wieder zu neuen Verbandelungen. Das brauche aber niemand verwundern, meint unser erster Klarinettist, Gerhard mit Namen und von Beruf Hauptschullehrer, der einzige Single in der Kapelle. Vielleicht findet er heute einen Anschluß? Ja, meint er, unsere Verwandlungsfähigkeit in den erotischen Beziehungen brauche niemand verwundern, denn so ein Gnadenort hätte eigene Gesetze in der Liebe.

Wir sind eine vierzehn Mann starke Kapelle. Allerdings inbegriffen die drei Damenmusikerinnen, die Kathi mit dem Tenorhorn, die Margarete mit der zweiten Klarinette und die Barbara mit der großen Trommel. Sie gehört erst seit Pfingsten auf Probe zu uns. Die ganze Kapelle war dagegen, daß wir ein Mädchen, die Trommel übergeschnallt, mitmarschieren lassen. Aber der Herr Kapellmeister glaubt, daß eine Frauenhand das Schlagzeug mit etwas mehr Gefühl bedient als ihr Herr Vorgänger, der gottselige Bäckermeister. Der habe ja hineingehauen als müsse er seinen Backofen zusammenschlagen. Dazu kommt noch, daß unser hervorragender Posaunist, der Christoph, sich seine Barbara als Mitglied unserer Kapelle gewünscht hat. Jetzt hat er die Erfüllung seines Wunsches. Seit dem großen Frauentag, dem 15. August ist er mit seiner Barbara entzweit. Beide haben gegeneinander einen Schlußstrich gezogen. Sie schauen sich nicht mehr an. Wir alle wissen und respektieren es. Aber der Herr Kapellmeister muß auf den Proben oft unterbrechen: »Nicht so kräftig die Trommel! Sie schlagen ja noch ärger drein als der gottselige Bäckermeister!«

Wir alle lächeln und verstehen es. Ich sage nach der Probe dann zur Barbara: »Als Künstler darf man seinen Zorn niemals mit seinem Instrument ausdrücken. Da heißt es nur runterschlucken und an eine andere Mutter denken, die auch ein schönes Kind geboren hat.«

Also, Freunde, wo fahren wir hin? Nach Weltenburg, meint die Frau Bombardon. Weil ja unsere Frauen und Freundinnen auch mitreden dürfen. Sie heißt Anna und der Bombardon Georg oder Schorsch. Und in Weltenburg hätte man beides: den Heiligen Georg und ein hervorragendes Bier. Aber der Bombardon-Schorsch wehrt sich heftig: er will nicht, daß sein heiliger Namenspatron sich die Bitten und Klagen seiner Gemahlin Anna anhören muß und schlägt als Reiseziel das kleine Annabrunn vor.

Da meint Gerhard, der Klarinettist und Schullehrer, derzeit ein Single: »Warum wallfahrten wir nicht endlich einmal ins Allgäu? Nach Maria Rain vulgo Maria Roin geheißen, mit der großartigen Himmelskönigin im reichgeschnitzten Hochaltar? Und mit den vielen Figuren von Martin Schick?«»So weit?« wird ihm entgegengehalten. »Wir fahren nach Birkenstein. Das ist weit genug für einen Rausch.« Diese unmusikalischen Töne kamen ausgerechnet von der Frau Kapellmeisterin. Dann setzte sie doch noch dazu: »Wir sind keine Kunsthistoriker wie Sie, Herr Lehrer. Übrigens können Sie noch so weit wallfahrten. Ihnen vermittelt keine Heilige und kein Heiliger eine Braut, weil Ihnen ja doch keine recht ist.«

Das waren direkte und harte Worte. Unser Chef besänftigte mit der Allerweltentschuldigung: »So hat sie es nicht gemeint, Gerhard.« Der Herr Lehrer verteidigte sich selbst: »Ich verlange von einer Lebensgefährtin nur eine gewisse musikalische Begabung. Und dazu genügen mir nicht die paar Griffe auf einem Blechinstrument.«

Es gibt jedes Jahr die gleiche Diskussion. »Muß es denn immer eine Marienwallfahrt sein?« brachte die Trommlerin Barbara endlich den befreienden Vorschlag: »Wir sind vierzehn Mann, also fahren wir zu den vierzehn Nothelfern nach Vierzehnheiligen.«

Der Vorschlag wurde sofort von allen angenommen. Obwohl es nach Vierzehnheiligen 260 Kilometer sind. Christoph, der Posaunist allein zeigte seine Zustimmung nicht, obwohl ihm der Vorschlag seiner ehemaligen Barbara imponiert hat. Um sechs Uhr frühmorgens ist der Omnibus mit klingendem Spiel abgefahren. Um zehn Uhr waren sie schon in Vierzehnheiligen. Sie waren überwältigt. Schon außen eine triumphierende Heiligkeit. Zwei großartige Türme: Das ist ja ein Dom! Das hätten die Oberbayern den Oberfranken nicht zugetraut. »Das hat alles Balthasar Neumann gebaut«, hat sich der Herr Oberlehrer in eine Begeisterung hineingeredet. »Wenn wir uns da hineinblasen, hört es sich an, als wären wir 140 Mann.«

»Nein, wir sind vierzehn, wenn auch keine Heiligen. Aber wie unter unseren vierzehn drei Frauen sind, sind unter den vierzehn Nothelfern auch drei heilige Frauen: die Margaret mit dem Wurm, die Barbara mit dem Turm und die Heilige Katharina mit dem Radl. Das sind die heiligen drei Madl. Unter vierzehn Nothelfern! Es paßt. Eine bessere Wallfahrt hätten wir nicht unternehmen können.«

»Bei uns trifft das gleiche zu: Die Margaret mit der Klarinette, die Kathi mit dem Tenorhorn und die Barbara mit der großen Trommel. Sogar die Namen stimmen!«

Das kann man mit dem Menschenverstand nicht begreifen. Das ist ein Wunder. Es grenzt zumindest ans Wunderbare. Denn so viel Zufall gebe es nicht. Wir werden es erleben, heute geschehen gewiß noch wunderbare Liebesverwicklungen! »Am Ende gar, verliebt sich unser Klarinettist und gibt sein Singledasein auf?«

»Unter vierzehn drei, das ist eine ideale Frauenquote in einer bayerischen Regierung, um so mehr in einer bayerischen Blaskapelle. Das sind fast 25 Prozent«, ereiferte sich der Herr Hauptlehrer.

Ob man in diesem Gotteshaus auch unseren Prozessionsmarsch spielen dürfe, fragt der Herr Kapellmeister den Herrn Mesner. Der erlaubt es, trotz des Widerhalls, den nicht einmal drei Tonmaschinen machen könnten.

»Und wir haben gespielt, als ob wir in Sankt Peter in Rom bliesen und nicht in der Kathedrale der Vierzehn Heiligen.«

Anschließend sind wir mit dem Schauen und Bewundern nicht fertig geworden. Als erstes haben wir alle vierzehn nachgezählt. Der gescheite Herr Posaunist hat seinen Heiligen Christopherus sofort gefunden, hat sich in seine Nähe gestellt und sich fotografieren lassen. Er bat eine uns unbekannte Wallfahrerin und gab ihr seinen Apparat.

Auch die heiligen drei Madeln sind gleich fündig geworden. Sehr leicht auch hat sich der Heilige Georg finden lassen. Die restlichen neun wurden lange nicht erkannt. Der Mesner hat helfen müssen.

»Ist kein heiliger Musikant dabei?« fragt die Freundin des zweiten Posaunisten. Ja, meint der Mesner,

»vielleicht der Heilige Achatius, der römische Hauptmann? In seinen früheren Dienstgraden hat er die Signalhorntrompete blasen müssen? Oder der Heilige Ägidius mit seiner Hirschkuh, die sich von ihm hat melken lassen, daß er als Einsiedel in der Wildnis den Winter überstehen hat können. Und von der er den Jagdpfeil König Wambos auf seinen eigenen Arm hin abgelenkt hat, vielleicht hat der später als Jägerpatron das Jagdhorn lernen müssen. Übrigens ist der Heilige Ägidius mehr von den Wildschützen angerufen worden als von den Jägern.« »Sankt Blasius hat einem Buben eine verschluckte Fischgräte herausgezogen. Der Pantaleon war ein berühmter Arzt. Eifersüchtige Konkurrenten haben ihn angezeigt, er sei ein Christ. Darum ist er gemartert worden. Unter den Ärzten geht es immer gleich zu.«

Auch unser Herr Lehrer ist in Eifer geraten und hat doziert. Wahrscheinlich hat er sich gestern noch über die vierzehn Heiligen Nothelfer unterrichtet. Immer mehr Wallfahrer, beziehungsweise Touristen, haben uns umstanden und haben alles Wesentliche von den Legenden der Heiligen erfahren. Besonders die alleinstehende junge Wallfahrerin, seine Fotografin, hat ihm zugehört. »Der Heilige Cyriakus dort hilft den Zwangsarbeitern in russischer und amerikanischer, sowie englischer Gefangenschaft. Wahrscheinlich auch jenen in den französischen und polnischen Kohlengruben.« Die Vierzehnheiligen-Touristin fand dergleichen Seltsamkeiten mutig. Denn die damals jungen deutschen Nachkriegsgefangenen waren auch unschuldige Zwangsverschleppte gewesen. Heiliger Cyriakus hilf uns allen aus unsrer tiefen Not!

»Vom Heiligen Erasmus weiß er nur, daß er bei den gefährlichen Koliken hilft. Und der Heilige Georg beschützt die Margarete vor dem Drachen.«

Der Klarinettist und Hauptschullehrer war am Ende. Der Bruder Mesner ermunterte den Kapellmeister noch mal einen andächtigen Huldigungsmarsch zu blasen. Der Klang war so gewaltig, daß jeder der vierzehn Heiligen seine Erhörung versprochen hat.

Und ist der Heilige einsichtig, ist neben der Kirche das Wirtshaus nicht zuwider. Wir vierzehn Musiker haben gleich vierzehn Maß bestellt. Weil alles so gut zusammengestimmt hat. Auch der fränkische Schweinsbraten hat uns geschmeckt.

Unserem Herrn Klarinettisten und kunsthistorisch interresierten Herrn Lehrer hat es die aufmerksame Bamberger Wallfahrerin immer mehr angetan. Zum Kaffee hat er sie schon so weit gehabt, daß sie mit uns nach München mitfahren will. Platz im Bus war ja genügend vorhanden. Sie wollte in die Landeshauptstadt. Wir glaubten es ihr großmütig, indem wir ja wußten, daß noch bei allen unseren Wallfahrten eine Liaison herausgekommen ist.

Selig sind wir heimgefahren. Einige Damen sagten »bierselig«. Wirklich selig unser Klarinettist Gerhard, weil seine neue Bekanntschaft in München bereits im fünften Semester Violine und Klavier studiert. Wir haben uns mit ihm gefreut. Endlich ist er auf eine musikalische Freundin gestoßen. Nach seinen eigenen Worten würde einer Hochzeit nichts mehr im Wege stehen.

»Endlich hat es ihn auch erwischt«, meint die Frau Kapellmeisterin. Und die Barbara, unsere Trommlerin, deren spontanem Einfall wir ja die Reise nach Vierzehnheiligen verdanken, sitzt neben ihrem Posaunisten, dem Christoph. Das grenzt an eine wunderbare Reparatur unserer Sittenauflockerung. Wir werden uns doch nicht alle vierzehn wieder gern haben wie am ersten Tag?

Der Omnibusfahrer hat die Beleuchtung abgedunkelt und jeder hat sich an die Seinige geschmuggelt, wenigstens haben sich die meisten an den Händen genommen. Sankt Dionys und Eustachius, Sankt Vitus und Sankt Pantaleon, die Wallfahrt zu euch nach Vierzehnheiligen brachte mehr Liebeskraft als voriges Jahr zur »Muttergottes der schönen Lieb'« nach Wessobrunn.

Wir werden uns doch nicht alle vierzehn nochmal

frisch verlieben? Obwohl man nie nichts Gewisses weiß in den überirdischen Dingen. Die Hauptsache ist und bleibt für uns unsere Harmonie. Nur die Frau Anna, die Gattin von unserem Bombardon, ist müde und möchte schlafen. »Laß mich schlafen, alter Depp«, sagt sie: »Ich wär' lieber zu den Heiligen Siebenschläfern nach Rotthof bei Bad Griesbach gefahren.«

Der Instrumenten-Händler

In jedem Handel steckt ein Wandel.
Der Antiquitätenhändler Fuchsmüller Anton hat sich spezialisiert auf gebrauchte Musikinstrumente. Bei ihm kannst du alte Geigen, Gitarren, Klarinetten, chromatische Ziehharmonikas, sogar Trompeten, Hörner und einen Bombardon kaufen. Das Geschäft hat sein Vater und Großvater schon betrieben. In der Bruckbergerstraße im eigenen Hausstock. Der Toni ist selber hochmusikalisch, beherrscht mehrere Instrumente, lebt bei seiner alten Mutter und ist noch ledig.
»Wer so viele Instrumente hat wie ich, kann sich für eines schwer entscheiden.«
»Heiret endlich einmal, Toni, weil lang leb' ich nimmer. Und mir wär' in der Ewigkeit nicht wohl, wenn ich dich nicht versorgt wüßt'!« Jammert die Mama, aber der vierzigjährige Toni stellt hohe Anforderungen. Musikalisch soll sie vor allem sein und eine Prominenz soll sie auch aufweisen, wenigstens im Stammbaum! Zurück bis zu den Urgroßeltern. Daß wenigstens ein Gemeinde-

rat oder Bürgermeister dabei wäre! Die Annemarie konnte zwar nicht schlecht Flöten blasen, aber ihre Eltern, Groß- und Urgroßeltern sind nichts wie Arbeiter gewesen, das heißt ein Urgroßvater mütterlicherseits war Postbote bei Eggenfelden. Dem Toni war die Herkunft der Annemarie zu wenig. – Sein Großvater war bereits Instrumentenhändler gewesen, mütterlicherseits sogar Bürgermeister! Wenn auch in der Nazizeit, aber immerhin Gemeindechef eines Marktfleckens. Und der Urgroßvater mütterlicherseits war sogar Oberstleutnant gewesen. Fast General! »Es tut mir leid, Annemarie, aber ich heirate ein bißerl auch nach dem Stammbaum.« – Das so harmonische Verhältnis ging auseinander.

Der Toni hatte aber schon wieder eine Neue! Eine Veronika, die bei ihm eine gute alte Chromatische gekauft hatte. Sie hat ihm dabei dreihundert Mark heruntergehandelt. »Die Veronika mit der Ziehharmonika.« Sie würde eine tüchtige Geschäftsfrau werden.

Sie war eine musikalisch hochbegabte Person von 27 Jahren die ihr Instrument aus der Seele heraus beherrschte. Sie hat dazu recht ernst geschaut. Obwohl sie die lustigsten Walzer und Polka heruntergeorgelt hat. Dieses Mädchen mit dem feinen Gehör, kann der Mutter eine glückliche ewige Ruhe verschaffen.

Er ist mit ihr öfters ausgegangen. Sie hat immer ihre Harmonie dabei gehabt. Trotz ihres nigelnagelneuen

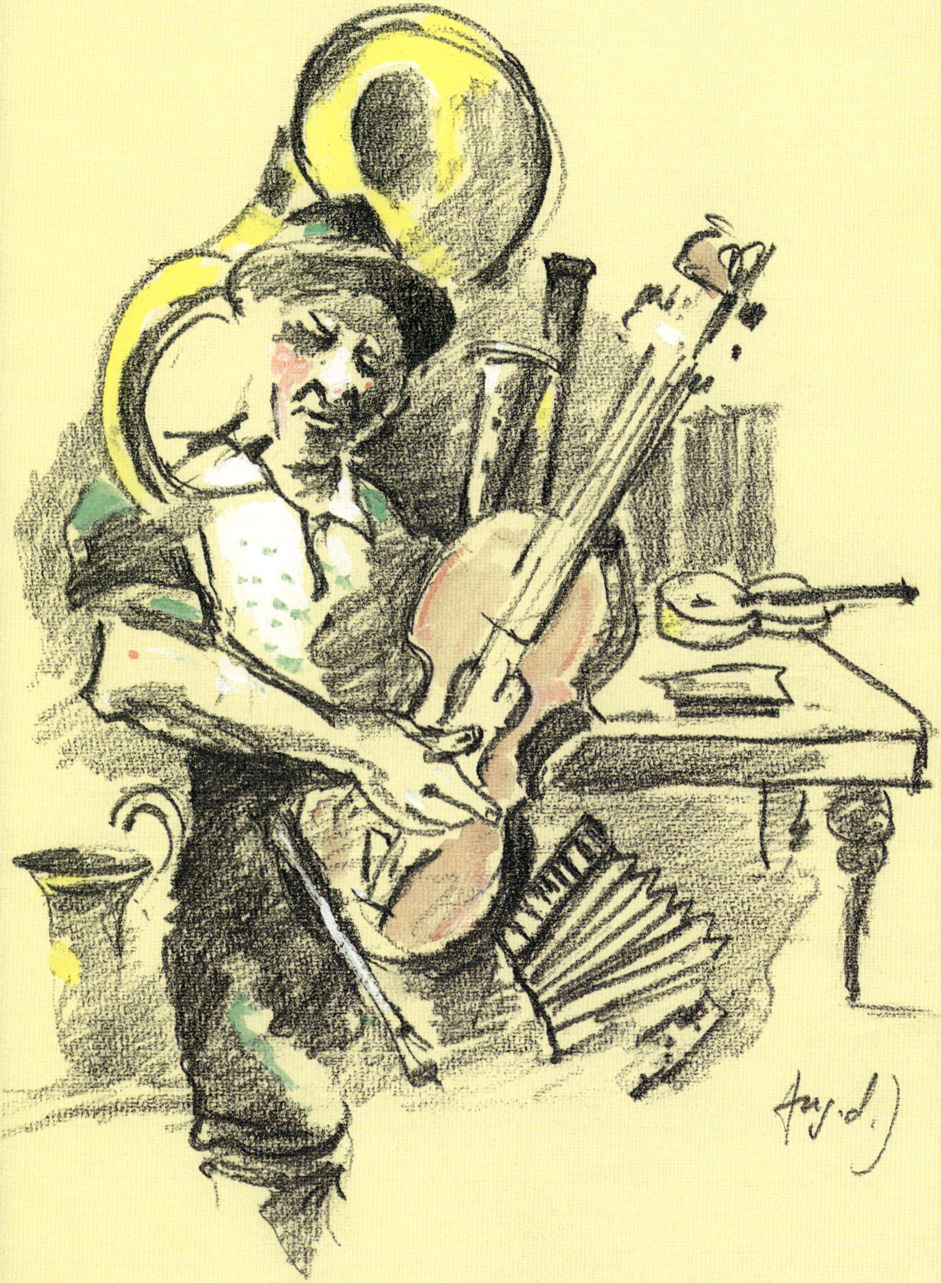

Dirndlgewandes hat sie sich oberhalb Flintsbach ins Gras gesetzt und gespielt, daß er seine Trompete aus dem Kofferraum herausgeholt hat. Jetzt ist es erst lustig aufgegangen! Im Nu waren um die beiden ein Dutzend bergwandernde Zuhörer herumgestanden. Und die Markstücke in ihren Harmonikakasten hat es nur so geschneit. Trotz ihres eleganten Dirndlgewandes! In der folgenden Nacht ist sie seine Braut geworden. Das Erlebnis war auch zu musikalisch gewesen.

Häuslich war sie auch. »Gott seit Dank, Toni, jetzt hats endlich gschnaggelt und ich kann getrost sterben. Grad net zu fett derfst eahm aufkocha, Vronerl. Woaßt schon, jeder dritte Musikant hats auf der Leber!«

Dann kam der Tag der Ahnenforschung! Die Vroni war eine Vertreterstochter. Mütterlicherseits gar eine Apothekerstochter. Aber da war ein Großvater, der drei Jahre im Gefängnis gesessen war. Ein Oberlehrer noch dazu. Ein guter Organist auch. Wie im Urteil gestanden. Aber wegen Sittlichkeit ist er verhandelt worden. Seiner jüngsten Chorsängerin, die kaum fünfzehn gewesen, ist er zu nahe gekommen. Liebe auf der Orgelbank!

Die Kirche mußte »rekonziliiert« werden. Er konnte das Mädchen auch nicht heiraten, er war ja schon ein Familienvater! Der Toni ist traurig geworden. Aber er war halt ein Mann mit Grundsätzen. Und einen – wie er sich immer noch ausdrückte – einen »Zuchthäusler«

konnte er nicht im Stammbaum dulden. Er würde sich keine Mundharmonika mehr zu verkaufen trauen. »Veronika, ich hab' mir das geschworen, pfüat di God, es hat nicht wollen sein.«

Es dauert nicht lange, das heißt es war eigentlich schon vierzehn Tag vor der Veronikakatastrophe geschehen, da betrat eine sehr vornehme junge Dame den Fuchsmüllerschen Gebraucht-Musikinstrumenten-Laden und interessierte sich für eine Klarinette. Der Toni hat immer schon für Klarinettistinnen geschwärmt. Fesch im Ausschaun und recht im Ton. Diese Frau Herzwurm war dermaßen elegant angezogen, daß er geglaubt, sie sei ein Vorführfräulein der Haute Couture, also ein Model und keine Klarinettistin.

Sie ließ gleich den Klarinettenmuckel herunter und auf einem anderen Intrument den Schweinernen, daß der Toni so überrascht war, daß er sie immediate, d. h. sofort zum Abendessen eingeladen hat. Sonntags drauf, hörte er sich das Standkonzert, anläßlich des 500 Jahr Jubiläums der alten Innbrücke an. Und trotz ihrer Marketenderinnentracht war sie die Schönste der großen Kapelle gewesen.

Daß es so eine zarte Weiblichkeit mit so einem Atem überhaupt gibt, hätte er sich nicht träumen lassen. Nur weiter so, Frau Magdalena Herzwurm! Nach deinem Stammbaum – inklusive der Urgroßeltern – frag' ich dich erst wenn die Mutter wieder treibt, kurz vor der Bestellung des Aufgebotes. Bis dahin schwärme ich reinen Herzens nur noch für die Klarinetten und für deine aufregende Eleganz.

»Magdalena, du bist endlich die Gerechte für meinen Toni! Jetzt kann ich getröstet in die Ewigkeit hinüber. Aber schau' mir drauf, daß er im Winter immer wollene Schlafanzüg' anhat. Wie alle Musikanten verkältet er sich leicht.«

Den anderen Tag schon verfolgte Toni ihren Stammbaum bis zu den Urgroßeltern zurück. Lauter Eisenbahner. Aber kein einziger Lokführer. Fahrdienstleiter und Stellwerker. Halt, da ist mütterlicherseits ein gewisser Josef Bichlmayr, Stellwerkmeister, der von der Reichsbahn entlassen worden ist, wegen deutlicher Mitschuld am Zusammenstoß zweier Güterzüge. Gott sei Dank warns bloß Güterzüge, aber immerhin, er ist unehrenhaft entlassen worden.

Ich kann doch meinen Kindern keinen solchen Urgroßvater zumuten. Tut mir leid, Magdalena. Aber das mußt du einsehen. Adjeu und tröste dich mit deinem Instrument!

Abschied nehmen ist immer aufregend und schwer. Auseinander gehen die Paare meist mit Tränen. Darum hat der Toni mit seinem Tick von einem prominenten Ahnen in der Stammtafel es sich leichter gemacht.

Wenigstens tadellose Lebensläufe sollten die Vorfahren seiner Bräute aufweisen können! Er wurde ohnehin immer bescheidener.

Aber der stammbaumforschende Toni hat sich nach der Klarinettistin sofort mit einer anderen Instrumentalistin getröstet. Noch dazu mit einer, die ein sehr teueres Instrument gekauft hatte: Einen Bombardon. Seinen schönsten und größten Bombardon! Gertrud hat sie geheißen und sie hat ihn tragen können, obwohl der Baß beinahe so groß gewesen ist wie sie selber. Nomen est Omen, sie hieß ja auch Gertrud. Und das lateinische trudere heißt tragen.

Wie gut sie erst hat den Bombardon blasen können! Ihre »Ambaschur« oder Lippenfestigkeit ist dem Toni ja gleich aufgefallen. Herrgott, wie das Mädel den Baß hat blasen können, das hört man selten. Er war von ihr begeistert. Die und keine andere!

Freilich, die Gertrud war noch keine zwanzig Jahre alt. Etwas sehr jung. Er erinnert sich Gott sei Dank an einen Spruch: »Heiretst a Junge, werds aa dei Alte!«

Er schlug seinerseits ernstere Tonarten an. Sie gefiel ihm so sehr, daß er mit seinen Augen immer ihren Blick zu erhaschen suchte. Gertrud hatte große dunkle Augen. Dann betrachtete er immer wieder die Lippenfestigkeit ihres Mundes. Gertrud gefiel ihm, obwohl sie immer in Jeans ging, fast so gut wie alle früheren Verlobten zusammengenommen. »Eine kleine Zwanzigjährige in Jeans, ich weiß nicht Toni, was du an der findst?« Meinte ernüchternd die Mutter.

Der Toni hörte auf sie nicht und teilte der Gertrud seine ernsthaften Absichten mit. Ausgerechnet in Eichstätt, während eines Musikkapellenwettspielens. Er hatte mit ihr schon eine Spanienreise genossen. Seine Verliebtheit hat stetig zugenommen. Man kann es sich nicht erklären, auch ihr, der neunzehn Jahre Jüngeren, gefiel der Toni mit seinem Musikinstrumentengeschäft im eigenen Hausstock in der Bruckbergerstraße immer besser. Und da er sie fragte, antwortete sie nach sehr kurzer Bedenkzeit mit einem verliebten Ja. Das machte ihn so glücklich, daß er zur nächstbesten Trompete griff, ihr im Laden einen Baß andeutete und voller Begeisterung sich mit ihr in einem Duo hören ließ.

»Ja, fragst sie nachand net nach ihrem Stammbaum, Toni?« – platzte die Mutter heraus, da beide schon im Standesamt das Aufgebot bestellt haben. – Nein, sie hab' ich nicht danach gefragt, aber bitte, frag' ich sie pro forma halt auch danach: »Gertrud, gib mir deinen Stammbaum an bis auf die Urgroßeltern zurück! Um dös hab' ich eh noch eine jede gfragt, die mir gfalln hat.«

Da kam die Gertrud ins Stottern. »Aber Toni«, sagte sie fast kleinlaut, »ich hab' keinen Stammbaum.« »Dös gibt's net. Ein jeder Mensch hat Eltern und Groß- und Urgroßeltern.« »Ich nicht. Ich bin nämlich im Waisenhaus aufgewachsen. Ich hab' nie einen Vater und eine Mutter gehabt.«

Dann fangen wir einen Stammbaum an, Gertrud. Ganz von vorne. Wir legen das Fundament! Er küßte sie und sagte noch: »Der Bombardon ist ohnehin das Fundament der Harmonie.«

Das Familienorchester

Das Schönste von der Maiennacht, das war einmal die Maiandacht. – Auch für den Bierfahrer Nikl Kohlbacher war sie es einmal gewesen. Er hat auf die Geigerin Sabine gewartet, die auf dem Chor immer bei einem kunstvollen Marienlied hat mitspielen dürfen. Er war zwar auch musikalisch, aber sein Instrument war die Zither.

»Nur ein musikalisches Dirndl werde ich einmal zur Meinigen machen«, hat er sich vorgenommen. Trotz diverser Chancen ist er diesem Grundsatz treu geblieben. – Eine Chorsängerin allein wäre ihm zu unmusikalisch gewesen. Sie mußte schon auch ein Instrument können.

Er war ein hervorragender Zitherspieler. Mit der Frau des Bräumeisters, die ganz gut Gitarre gespielt hat, hat er manchmal zusammen musiziert. Aber der Bräumeister ist da auf einmal eifersüchtig geworden, dabei hätt' er fast keinen Grund dazu gehabt. Fast. Eine Gittaristin ist die ideale Begleiterin für einen Zi-

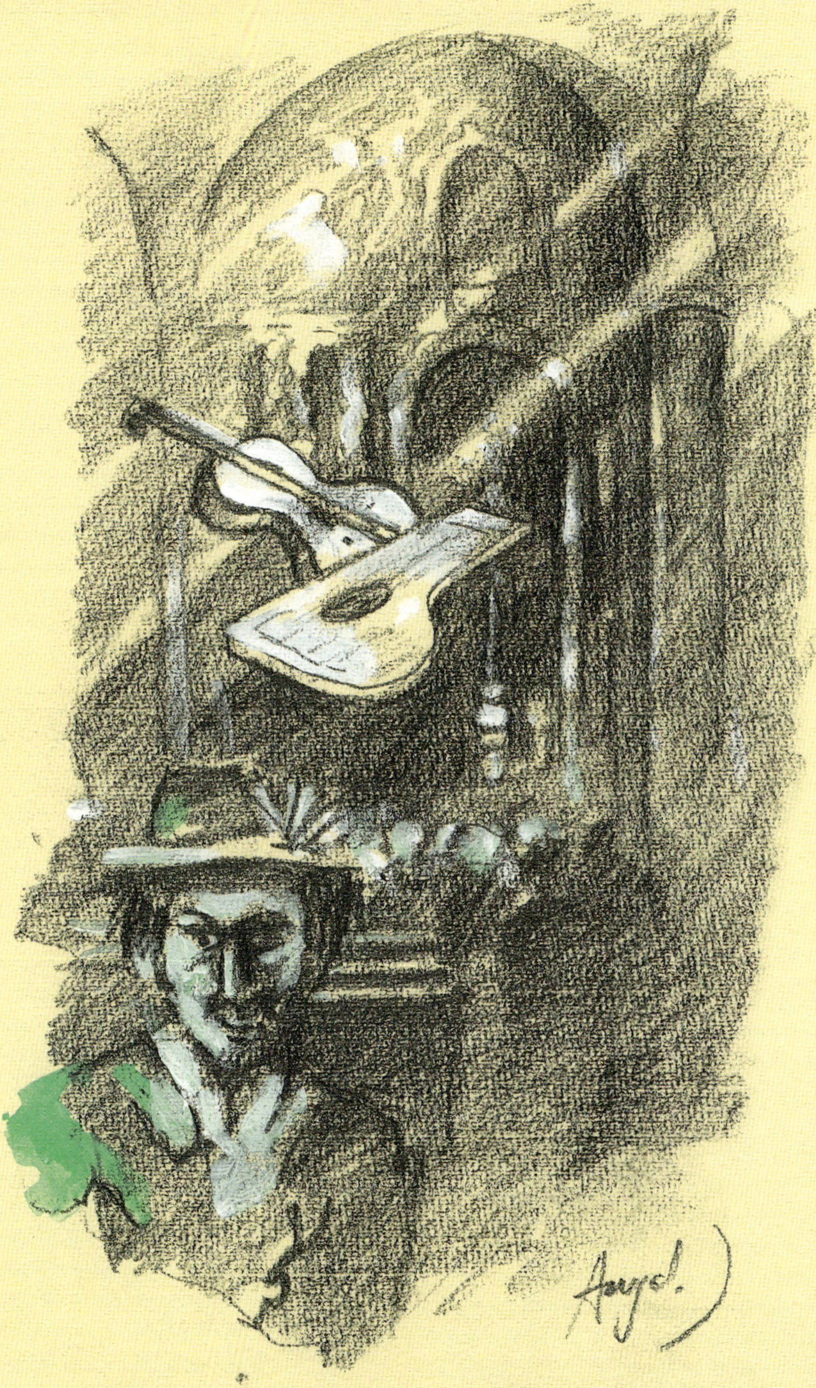

therspieler. – Rein musikalisch. Aber jetzt das Verhältnis mit der Geigerin Sabine hat ihn umgestellt. Zither und Geige? Da würde ja sie die führende Melodie haben. – Leider war die Liebe schon zu groß. Sie haben geheiratet. Außerdem hat die Zither ja doch die volle Harmonie.

Als Ehepaar haben sich die zwei gut anhören lassen. Zumal der Opa manchmal auch noch einen Baß dazu gezupft hat.

Wie nun die Geigenmusik mit Zither immer größer und größer geworden ist, weil sich die Geige auf wunderbare Weise vermehrt hat, das ist eine musikalische Familiengeschichte.

Na, na, eine ganze Kapelle ist es nicht gleich geworden! Aber die Sabine hat dem Nikl eine Petra geboren und zwei Jahre später eine Barbara. – »Ich mein, dös glangt, Papa, indem wir zu viert einmal sehr gut zusammenharmonieren werden!« –

Er war selig und spielte seinen kleinen Mädchen schon sehr früh seine schönsten Melodien vor. Er sagte dann jeweils begeistert: »Hast sie beobachtet, Mama? – Wie die Petra aufmerksam zugehört hat? – Augen und Mund hats weit aufgerissen! – Dös Dirndl is hochmusikalisch. Und mit dem rechten Arm macht sie die reinsten Geigenbogenbewegungen mit. Die macht es ihrer Mama nach, die wird einmal eine

Geigerin!« Wenig später setzte die Mama hinzu: »Und die Barbara rührt bereits verdächtig ihre kleinen Fingerlein. Die zupft was. Wahrscheinlich wird sie einmal eine Zither-Virtuose?«

»Woher denn. Dös is kein Zitherschlagn, was die da treibt. Die Barbara zupft die Gitarre. Glaub' mir's, die wird einmal eine berühmte Gitarren-Virtuose!«

Die junge Familie hat den Opa zum Lächeln gebracht: »Iatz laßt sie zerst amal größer werden und die Instrumente lernen. Nachand redn wir weiter! Noch glaub' ich, sie werden Sängerinnen, weil sie gar a so schrein können!«

Bei der Familie Kohlbacher ist es wirklich immer musikalischer geworden. Die Mama, die Frau Sabine, hat der kleinen Petra das Geigen gelernt. Und das Dirndl war tatsächlich eine Meisterschülerin. Der Nikl, der Vater, war außer sich vor Freud', weil er genau das vorausgesagt hat. – Die Betty oder Barbara war für die Gitarre noch zu klein, aber sie dirigierte die drei umso eifriger. Endlich kaufte man ihr eine Kindergitarre. Sie zupfte nach dem Gehör richtig mit. Die Familie Kohlbacher durfte sich schon einmal bei einem Elternabend hören lassen. Der Beifall war ihnen von allen Mitwirkenden herzlich gegönnt.

»Jetzt nur net stolz werdn und nachlassen, Kinder«, ermahnte der Papa. »Übung macht den Meister!

Wir spielen jeden Tag. Wer die Musik liebt, der sie täglich übt!«

Zehn Jahre sind wenig für einen Musikanten. Die vergehen wie eine Polka im Zweivierteltakt. Die Petra lernt auf Zahnarzthelferin und die Betty ist auch schon in der Lehre. Sie wird eine Automechanikerin. »Dirndl, dös is für eine Gitarristin kein idealer Beruf«, mahnt der Vater. Aber gegen ein junges Madl kommst heut nimmer an. »Geh Vater, meine Griffe von 140 verschiedenen Stückl sitzn. Außerdem macht man heut nimmer jeden Dreck mit die Händ'.«

Die Mutter hatte schon weiterführende Gedanken, besonders weil die beiden Töchter gern ausgingen und Diskotheken aufsuchten. Ihre höhere Musikalität werden sie doch nicht einbüßen?

»Ja, ja, Mama, hoffentlich bringans ma die rechtn Instrumentalisten daher, die zwei! Ideal wär' für uns ein Baßgeiger und ein Klarinettist. Dann wären wir zu sechst und könnten es mit jeder Tanzmusik aufnehmen!«

»Dös denk' ich mir schon auch. Ich hoff' drauf. Aber mögen sollns sie sich auch. Ganz daneben werdn sie schon net greifa!«

»Mama, bei uns Musikern is dös schwer. Weil: wenns Instrument net harmoniert, kann die Liebe es auch nicht. Dös is a Gesetz!«

Leider gehen auch musikalische Träume nicht immer in Erfüllung. Die junge Gitarristin Barbara stellt ihren hochmusikalischen Eltern als ersten Freund den Charly vor und der betrieb ein Keyboard mit Synthesizer. Er sagte gleich: Babs, ich brauche unbedingt eine E-Gitarre samt Verstärker. Ohne Elektronik gäbs heut keine Musik mehr.

Der Verdruß läßt sich denken. Ausgerechnet die Jüngste bringt so einen Keyboarder daher! – Der zartfühlende Papa, der Zithervirtuos', kann nur noch weinen. Mama, die Geigerin, hat so ein Instrument noch nie gehört. Am Freitag nach Feierabend bringt Charly sein »Instrument« mit, baut die ganze Ausrüstung auf und drückt der Barbara ihre neue Verstärkergitarre in die Hand.

Die Eltern halten sich die Ohren zu. »Volksmusik is dös koane, Herr Charly! Ihr lautes Klavier paßt überhaupt nicht zu unserer feinen Familienmusik. Und zur Betty auch nicht.«

»Jetzt können wir nur noch eine Wallfahrt nach Altötting machen«, sagte die Mutter Geigerin.

Gott sei Dank, die Wallfahrt war nach drei Wochen schon nicht mehr notwendig. »Der Charly ist out, Papa. Spieln wir wieder in unserer alten Besetzung.«

»Den Synthesizer san ma' los, Gott sei Dank! Der hätt' zu uns niemals gepaßt, Betty. Du spielst eine volksmusikalische Gitarre!«»Wenn ich es gradaus sagen darf, Mädi, dir müßte ein Zupfbaßler gfalln. Aber wir reden dir nix drein. In der Liebe gibt es nur ein Gehör. Die Mama wünschert sich einen Zupfbaßler für unser Familienorchester.«

Die Barbara lächelte nur. Denn ihr neuer Schwarm war eine noch viel größere Überraschung für den musikalischen Papa.

Die Petra war wenigstens folgsamer und ließ sich überreden als Marketenderin bei der Schützenkapelle zu figurieren. Der Kapellmeister war ja ein Onkel. Und die Blasmusik ist doch etwas klassischeres, dachte der Vater. Vielleicht verliebt sie sich in den jungen Klarinettisten.

»Mama, mir ist bald alles gleich! Langsam wird mir jeder Schwiegersohn recht, sogar ein total unmusikalischer Raiffeisenrechner. Oder so ein Diskjockey.«

»Geh', Papa, du regst dich viel zu viel auf! Unsere zwei Maderl werden schon noch den Grechtn finden. Dös ist ja erst der Anfang!«

»Hör' dir ihn wenigstens einmal an, Papa! – Der Tom ist ein Spitzentrommler.«

»Mama, was haben wir falsch gemacht? Einen neumodischen Trommler bringt sie daher! Die Geigerin! Gfallt dir von der Blasmusik gar keiner?« Jetzt war die Aufregung im Hause Kohlbacher noch größer.

Ausgerechnet die Geigerin verliebt sich in so einen Drummer!

Der Vater machte nun wirklich eine Fußwallfahrt nach dem nahegelgenen Tuntenhausen. Das hat geholfen. Die Drummer-Liebschaft hat nach acht Wochen nachgelassen. Petra schwärmte jetzt, als Marketenderin bei der Schützenkapelle, für einen gestandenen Musiker, aber nicht für einen Klarinettisten, sondern für den jungen Bombardon. – »Unsere Geigerin und ein Tubabläser! Na, na! Der muß sich umstelln und Zupfbaß lernen. Dös ist für eahm net schwer. Mein Bruder wird's ihm persönlich beibringen.«

Die silberne Hochzeit der Eltern ist ins Land gegangen. Endlich ist die Liebe der beiden Töchter musikalisch fein genug geworden. Der Tubabläser von der Geigerin Petra hat sich zu einem einfühlsamen Baßgeiger entwickelt und die Barbara hat zu ihrer Gitarre endlich einen Klarinettisten heimgebracht. Jetzt waren sie zu sechst. Sie hatten einen musikalischen Schwung, daß sie sogar der Herr Landrat zur Landkreis-Preisverleihung in Schloß Höhenberg engagiert hat. – Ja no, eine feinere Musik findest du nicht im ganzen Landkreis.

»Mama«, sagte der Kohlbacher Nikl, »wir haben uns musikalisch nicht schlecht vererbt. Wirst sehen, unsere Kapelle wird noch größer!«

Fall in keinen Briefkasten!

Nicht immer spielt die Musik mit, denn manch eine Liebesgeschichte klingt selber und hat ihre eigene Harmonie.

Ist man glücklich verliebt, kann man niemanden hassen. Da gibt es Augenblicke, da möchte man allen seinen Rivalen verzeihen.

Die Liebesgeschichte eines – eben jetzt in Pension gehenden Ministerialdirektors beweist es. Sie ist wahr, auch wenn ich den Helden einfach Michael Mittermeier nenne. Und seine Frau Susi. Ende der fünfziger Jahre war er Jurastudent in einer der damals drei bayerischen Universitätsstädte.

Mit einem Heiligen braucht man einen glücklich Verliebten nicht vergleichen! Obwohl es vielleicht verliebte Heilige gegeben haben mag. Darüber schweigen die Heiligenlegenden. – Da muß man schon weit zurückgehen. Zum Beispiel zur Heiligen Magdalena. Die Schrift betont aber, daß sie eine öffentliche Sünderin gewesen sei, ehe sie dem Herrn die Füße gewaschen hat.

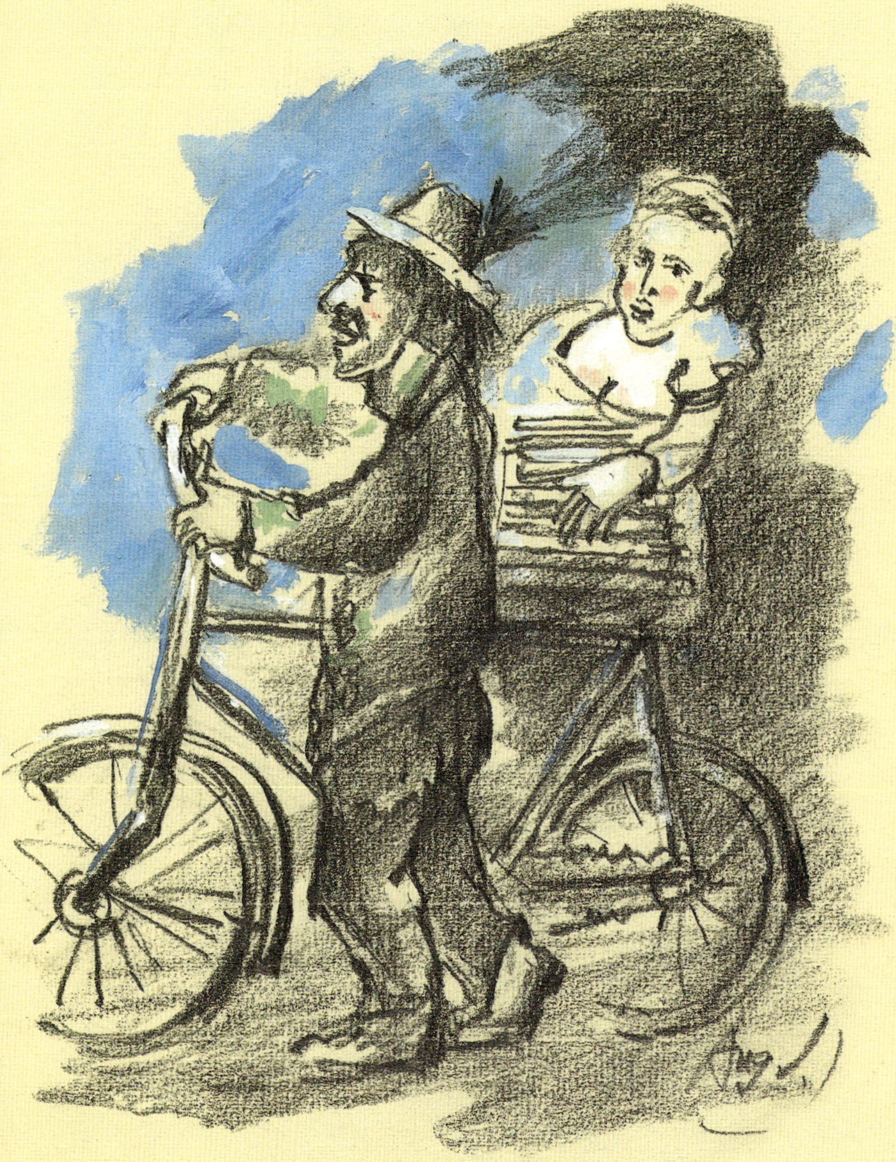

Bei dem Studenten Michael und der Sekretärin Susi war es eine Liebe auf den ersten Blick. Sie war nicht nur verliebt sie war auch sehr gutmütig.

Aber heiratet das Liebespaar, fängt gleich das Schicksal an. Das verliebte Paar richtet eine Wohnung ein, kauft Möbel, macht Schulden, bekommt Schwiegereltern und Schwägerinnen – und eine neue Steuerklasse.

Da gibt es gleich Reibereien und – seufzt der Bräutigam – jetzt ist die Mark nur noch ein »Fuchzgerl« wert.

Michael Mittermeier macht 1957 sein erstes juristisches Staatsexamen. Das Referendarexamen. Will er eine gute Note, muß er hart lernen. Er ist aber meistens müd', denn er fährt von vier Uhr früh bis sieben Uhr mit seinem Fahrrad Tageszeitungen aus, steigt hundertmal vom Rad und steckt die Blätter in die Briefkästen. Davon lebt er, zahlt er die Zimmermiete und sein Essen. Er hat ja noch drei Geschwister und sein Vater ist nur ein Straßenarbeiter der Gemeinde einer Kleinstadt. Bafög hat es in den fünfziger Jahren noch keins gegeben.

An eine Freundin kann er in dieser Situation nicht denken. Beim Zeitungsausfahren begegnet er manchmal einer heimtippelnden Bardame. Aber die ist auch stockmüd' und würde von ihm schon gleich gar nichts wissen wollen. Einmal – bei einem kurzen Gespräch vor ihrer Haustür – beweist sie ihm das auch. O mei, seufzt der junge Student, wie ist die schöne Jugendzeit doch so hart! – Aber die Hoffnung, daß ein sauberes Mädchen einmal seine Liebste werden wird, läßt er nicht fahren. Noch acht Wochen und das Schlimmste ist überstanden. Das ist seine Hoffnung!

Es wird Januar und Februar. Seine Verbindung hält einen – für damalige Verhältnisse – großartigen Faschingsball ab. Er würde, wenn überhaupt, solo erscheinen. – Das macht nichts, einige alte Herren bringen dafür ihre Töchter mit. An Tänzerinnen würde es nicht mangeln. Er büffelt in seiner kleinen Bude, wirft das Prozeßrecht weg und ergreift einen vom Hausherrn ausgeliehenen Strohhut. Büffelt aber dann noch weiter. Um neun Uhr macht er sich schließlich auf den Weg ins Normannenhaus.

Es treibt ihn eine geheime Kraft. Das tanzende lustige Treiben hat schon einen ersten Höhepunkt erreicht. Er fordert die Nächstbeste auf. Sie heißt Susi und tanzt himmlisch. Er ist sofort begeistert. – Und auch der Susi scheint er nicht gleichgültig zu sein.

So schnell kann es gehen, so schnell muß es gehen. Schon um zwei Uhr geht das Paar heim. Sie begleitet ihn sogar in seine Studentenbude. Kann aber dann doch nicht bleiben. Auch aus Gründen der Schicklichkeit. Er soll sie nicht in zu leichtfertiger Erinnerung behalten, aber wie er wohnt und lebt, will sie doch wissen. Den kommenden Sonntagnachmittag würden sie sich ja wiedersehen. Das ist ja morgen. Pardon, heute? Er würde sie abholen. Nein, sie würde ihn abholen. Damit er nicht zu viel Zeit vertut für die Vorbereitung aufs Examen. Sie würde ihn abholen zu einem Spaziergang in den Park. – Er braucht heut nicht aufstehen und kann doch nicht schlafen.

Wer ist diese Susi? Schön. Elegant und auch gebildet. Verdient sie schon selber so viel? Als Sekretärin, wie sie sagt? Das kann sein. Sie steckt halt ihren ganzen Verdienst in ihre Eleganz. Das gibt es. Er schweift immer wieder ab. Endlich wird es drei Uhr. Da klingelt es auch schon dreimal. Heißt es ja an der Haustür: Mittermeier Cand jur. Dreimal klingeln. Es ist die Susi. Er springt auf und öffnet. Er ist sofort spazierfähig. Sie gehen in den Park. Es ist neblig und kalt. Sein Lodenmantel ist dünn. Sie hat einen Pelzmantel. Mein Gott, wer ist sie? – Mein Vater ist Handschuhmacher und ich bin eine gut verdienende Sekretärin. Das darfst du glauben. – Hinter der Brunnenanlage küßt er sie. Sie lädt ihn in ein Kaffee. Er besteht darauf, die Rechnung zu begleichen. – Dann begleitet sie ihn wieder zurück in seine arme Studentenbude. – Trotzdem, die Liebe der beiden macht rasch große Fortschritte.

Er hat es ihr bereits gestanden, daß er täglich um vier Uhr früh bis sieben Uhr Zeitungen verteilt und damit sein Studium finanziert. Weil ihm sein Vater nichts geben kann. Der wohnt mit drei kleineren Geschwistern in einer Arbeiterwohnung zur Miete. Nicht hier in der Universitätsstadt, sondern in Geisbach. »Wenn ich nur jetzt, die letzten vier Wochen vor dem Examen richtig büffeln könnt'!« seufzt der Michael. An der Uni lehren die Professoren. Aber lernen muß man daheim.

»Das kannst du«, antwortet Susi sofort. Denn sie ist verliebt, begeisterungsfähig und nicht nur elegant sondern auch herzensgut. Ihr imponiert die Tüchtigkeit ihres Studenten. Obschon sie erst 21 Jahre ist und er kaum 24, springt sie beim Zeitungsausfahren für ihn ein.

»Mach' dir keine Gedanken, ich schaff' das schon mit deinen Zeitungen.« – Die ersten Tage fahren sie die Blätter gemeinsam aus. Daß sie die Tour kennenlernt. Miteinander schieben sie das schwerbepackte Fahrrad. Von Haus zu Haus. Eine Liste mit den Straßennamen und Hausnummern händigt er ihr aus. Nach drei Tagen macht es Susi allein. Zunächst auch noch mit seinem alten Fahrrad. Es fällt ihr schwer genug. Aber was tut man nicht alles, wenn man verliebt ist.

Er lernt sich nun tatsächlich leichter. Sein Examen

wird auch eines der besten werden. Und obendrein ist er jetzt überglücklich. Warum sollten sie in der Referendarzeit nicht schon ans Heiraten denken? – Vielleicht bekommt er dann um 25 Mark mehr? Und eher auch eine Anstellung im Staatsdienst. Sie würde ohnehin als Sekretärin weiter arbeiten. Bis zum Staatskonkurs. Keinen Tag länger, denn dann müßte sie sich ganz den Kindern widmen. Zwei wollen sie mindestens haben.

Das sind aber nur kurze Augenblicke, in denen er während des Lernens sich solchen Träumen hingibt.

Der Susi ist das Zeitungsausfahren mit dem Fahrrad schon am vierten Tag zu mühsam geworden. Sie nimmt den Wagen ihres Vaters. Der ja nicht nur eine Handschuhfabrik betreibt, sondern jetzt auch noch Kunststoffdeckel herstellt, Bucheinbände, Kalender und Werbeutensilien. Voriges Jahr hat er den Titel eines Konsuls erobert und er beschäftigt nun an die dreihundert Arbeiter.

Sie hat Michael zwar nicht belogen, denn sie ist tatsächlich eine der Sekretärinnen ihres Vaters. Nur daß sie das verwöhnte Töchterlein ist, hat sie dem armen Michael verschwiegen, verschweigen müssen. Denn zwei Freunde sind ihr darum vor Schreck schon davongerannt. Dazu war von denen keiner mit Michael zu vergleichen! Daß sie aber auch Vaters einziges Kind sein muß!

Doch was macht es den Zeitungslesern aus, wenn ihre Blätter mit dem großen Wagen amerikanischer Herkunft ausgefahren werden? – Nichts. Sie wird es sich noch einfacher machen und den Chauffeur mitnehmen. – Der hat nicht nein gesagt. Sie müssen nur aufpassen, daß Michael es nicht erfährt. Freilich, eines Tages wird er alles erfahren müssen. Heimlichkeiten sind in jeder Liebe gefährlich. Besonders in den ersten Tagen.

Kaum ist das Examen geschafft, nimmt Michael seine Susi zu seinen Eltern mit. Sie fahren mit dem Zug. Der Mutter ist die Freundin zu vornehm. Dem Vater ist das wurscht. Aber gescheiter wäre das schon, der Michael würde sich noch nicht an eine hinhängen, meint er.

»Bis ins dreißigste Lebensjahr soll ein Mannsbild in der Wahl bleiben«, sagt er. Dabei hat er selber mit 27 geheiratet. »Ja ich war ja nur ein Arbeiter, Bub. Du bist ein Akademiker. Und bei den Akademikern gelten andere Gesetze!«

Kaum sind die beiden wieder in der Stadt, führt Susi ihren Michael in ihr Vaterhaus. Und die Villa des Herrn Konsuls ist fast ein Schlößl. Der Rechtspraktikant ist erschüttert. Er wird abweisend, verzieht sich in seine Studentenwohnung und löst die Freundschaft. Herrgott, ist denn ein reicher Vater eine Sünde? »Sünde nicht gerade«, will er denken, »aber großer Reichtum erdrückt jede Menschlichkeit«, ermahnt ihn sein juristischer Verstand.

Tage vergehen. Er rührt sich nicht. Er hat viel zu denken. – Und kommt sich schließlich vor wie ein Hagestolz. Aber er ruft nicht an. Susi hält das nicht mehr aus. Die fünfte Nacht begegnet sie ihm auf seiner Zeitungsfahrt. Sie fährt im Luxuswagen ihres Vaters. Mit Chauffeur neben seiner her, läßt vor jedem Briefkasten anhalten. Endlich steigt er ein. Und der Fahrer trägt die Zeitungen in die Häuser.

Wie übermütig waren sie vorher gewesen – mit dem Rad! Wie unbeschwert! Sagte er ihr doch bei ihrem ersten Zeitungsgang: »Susi, iatz verwechsel die Zeitungen nicht! Und fall mir in keinen Briefkasten!«

»Michael, jetzt schaust, als wannst du in einen Briefkasten gfalln wärst. Was kann ich dafür, daß ich einen Vater hab' mit Chauffeur und Cadillac?«

Daraufhin brach endlich das Eis in des Rechtsreferendars Seele. Es kam zur Verlobung und zu einer aufwendigen Hochzeit. »Wir passen nicht mehr zu unserem Sohn«, sagte Michaels Vater in einem fort.

Ein Märchen. Aber ein wahres aus dem Jahre 1958/59. – Die Kinder des glücklichen Paares – auch heute noch glücklichen Paares – haben nun selber schon das Staatsexamen bestanden. Bleibt noch nachzutragen, daß der reiche Papa – kurz vor seinem Tod 1983 –

Konkurs hat anmelden müssen. Der Schwiegersohn Michael war um diese Zeit aber bereits Ministerialdirigent. Und hat es noch zum höchsten Beamten seines Ministeriums gebracht, zum Ministerialdirektor.

Eine Geschichte ohne Musik, aber doch musikalisch. Eine altmodische Geschichte, beinahe kitschig wie ein Lottogewinn, auch wenn sie in der zweiten Hälfte des 20. Jahrhunderts spielt. Heute spielt eine Liebesgeschichte wieder anders. Denn auch die Liebe geht nach der Mode.

Ein heutiges Paar? Ist computergesteuert, mit dem Internet weltweit verbrüdert, ist zur Software gehörig, vermarktet, reiselustig, kaum ansässig, politisch, weltverändernd und doch total uninteressiert. Ist einfach biologisch verliebt und egoistisch »ich« betont. Sympathie und erotische Kurzweil. Was sind schon Gefühle? Total emanzipiert und zugleich anziehend weiblich für Millionen ist man erst als Frau Direktor, als Moderatorin oder als Frau Minister!

Vorsicht! Und nur nicht gar so übergeschnappt! Die Liebe kann einen jeden treffen. Auch in unserer turbulenten einsamen Gegenwart.

Theatermusik

Ein Musikus ist nicht zu vergleichen mit einem Finanzinspektor. Mit seinen hohen Tönen schwebt er manchmal nach oben. Wenn er verliebt ist gleich gar. Wie unser Anderl in seine Evi, die bei uns die Klarinette bläst. Ihr hat er sogar neulich einmal nachts um halb elf Uhr, nachdem er sich von ihr verabschiedet hatte, ein Solo aufgeblasen, daß die Leute zum Fenster heraus geschaut haben. Und nicht gewußt haben, ist es eine Fernsehmusik oder ein wirkliches Ständchen. Früher hat man das eine kleine Cassation geheißen. Und es waren diese verliebten Serenaden vor den bürgerlichen Kammerfenstern keine Seltenheit gewesen.

Die Evi hat sich trotz unserer unromantischen Gegenwart doch gefreut. Wie er aber das Eifern angefangen hat und der Anderl noch seltsamer geworden ist, war es ihr zuwider. Er hat die ganze Nacht in seinem Auto sitzend vor ihrer Haustüre aufgepaßt. Nichts schlimmeres wie ein eifersüchtiger Trompeter. Unser Verein spielt zweimal jedes Jahr Theater. Und nicht schlecht.

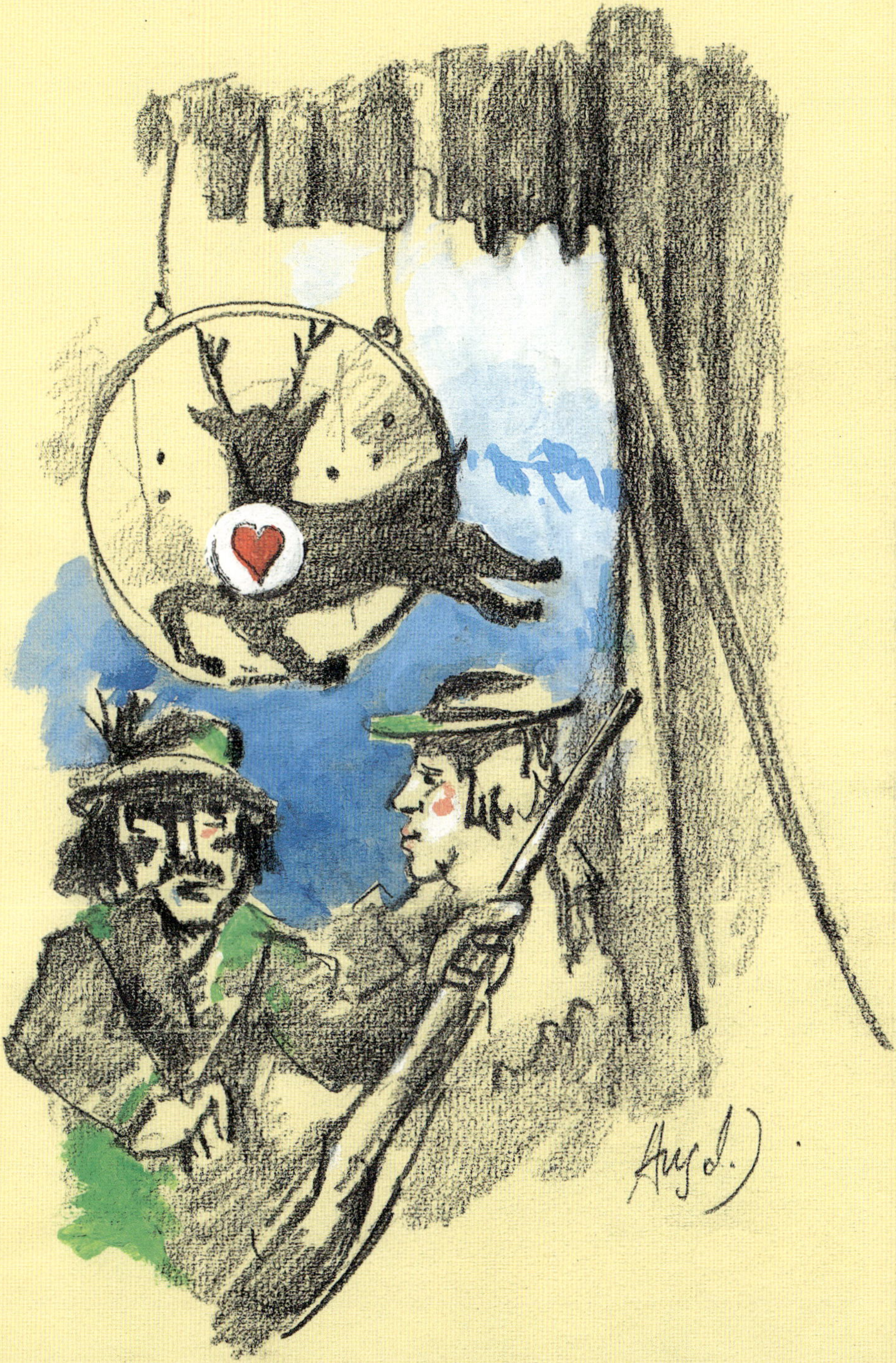

Weil die Anni jetzt doch schon sieben Jahre verheiratet ist und dreifache Mutter dazu, will und kann sie die junge Liebhaberin nicht mehr spielen. Wir brauchen eine Neue.

Spontan sagen alle: Die Evi wäre die beste und schönste und würdigste Nachfolgerin. Sogar die Anni hat es gesagt. Also muß die Evi die junge Sennerin darstellen, die Monika, das Töchterl vom Almbauern. In der »Wildererbraut«.

Der Anderl mag nicht Theater spielen. Er kann es nicht, sagt er und er spiele sowieso die Trompete. Das muß reichen! Recht Anderl, sagt unser Kapellmeister: »Zwei Künsten kann man nicht dienen!« Also muß der Jagersepp, alias der Postmichel, in der Wildererbraut um die Hand von der Monika anhalten, die im Leben dem Anderl seine Evi ist. Der Monika wäre der Michel nicht zuwider, auf der Bühne. Aber sie hat bereits den Staudinger Maxl gern, wo freilich ein Wildschütz ist. Auf der Bühne. Und bei ihr auf der Alm oft zukehrt, sogar seinen Stutzn hat er in ihrer Kaserkammer versteckt. Das Wildbrettschießen will er nicht aufgeben. Obwohl die Monika ihn oft und oft darum bittet. Auf der Bühne.

Verliebte sehen klar und können zwischen Leben und Theater unterscheiden. Die Zuschauer sehen nur das Geschehen auf der Bühne. Ein schönes Wildererstück! Und der Anderl spielt nach jedem Akt eine schneidige Musik dazu. In der Kapelle. Dann wieder singt unser Dreigesang. Ein alles verstehender reifer Frauengesang. »Du liaber Schütz, schiaß koan Jager net.«

Schon unter den Proben, hat der Anderl ein saures Gesicht gemacht. Weil seine Evi gar so gut gespielt hat. »Sie hat halt eine Begabung dazu, Anderl, dein Luaderdirndl. Wär' ja kein Wunder, du hast ihr alles gelernt.« – Lobte unser Herr Kapellmeister. »S'Poussieren kann sie nicht schlecht«, stänkerte der Bombardon. »Das sieht ein Blinder. Weil sie es mit allen zwei Verehrern gleich gut kann! Mit dem einen und mit dem andern, den sie angeblich nicht mag«, stenkerte der Posaunist.

»Anderl paß auf, daß deine Evi beim Theaterspielen nicht besser busselt, wie im Leben!«, foppte der Hornist.

Da braucht keiner ein Trompeter sein. Bei so einer Unterhaltung wird jeder nervös. Beim Heimfahren versucht ihm die Evi gut zuzureden. »Anderl, das ist doch alles ein Theater. In der Wirklichkeit mag ich nur dich!«

Bei der Hauptprobe blasen im letzten Akt die Musikanten auf der Bühne zur Hochzeit vom Jagersepp und der Almbauern-Monika auf. Weil der Staudinger Wildschütz im Gefängnis sitzt. Der Vorhang hat sich noch nicht in die Höhe gehoben, da sieht unser Trompeter wie der Postmichel seiner Evi als Braut – er als Bräutigam – ein Hochzeitsbusserl gibt und ihr sehr verliebt in die Augen schaut. Sie üben das praktisch noch einmal ehvor sich der Vorhang hebt, daß das Glück überzeugend ausschaut. Nach Buch und Regieanweisung!

In dem Augenblick setzt der Anderl mit der Trompete ab, wo er schon am Mundstück angesetzt hatte, weil sie gleich blasen hätten müssen, noch ehvor der Vorhang aufgegangen wäre. Er setzt die Trompete ab und will auf den Jagersepp beziehungsweise Bräutigam von seiner Evi, zugehn und ihn zurechtweisen. Oder ihm gar einen Rempler versetzen. Der Kapellmeister sieht es und greift ein, stellt den Anderl wieder auf seinen Platz. Freilich, geblasen hat er keinen Ton mehr.

»Depp, Anderl, heute ist ja erst die Hauptprobe! Da ist die Geschichte nicht einmal auf der Bühne echt!«

»Bühne hin, Bühne her. Was müssen die zwei das Poussieren und sich in die Augen schauen schon betreiben, ehvor der Vorhang aufgegangen ist? Kann mir das einer sagen?«

»Geh', Anderl«, seufzte die Evi. »Ich geh'«, erwiderte der Anderl. – Unsere Kapelle hat seitdem keinen Trompeter mehr. Einen Trompeter haben wir zur

Aushilfe von der Nachbarschaft. Aber eine Liebhaberin? – Morgen ist die Premiere: »Evi, laß den Anderl rennen, wie du im Stück den Wildschütz hast rennen lassen! Du findest gleich wieder einen anderen.« Sind bei der Evi auch keine Tränen geflossen, ein trauriges Gesicht hat sie doch gemacht.

»An jeden Finger kannst du zwei neue Liebhaber kriegen. Aber laß uns bittschön morgen nicht hängen!« Bettelt der Vereinsvorstand, wo zugleich der Regisseur ist! »Laß uns morgen bei der Premiere nicht im Stich!«

»Wenn es der Anderl erlaubt, daß ich spielen darf, laß ich euch nicht im Stich! Aber nur dann. Also helfts mir, daß er es erlaubt!«

Alle haben jetzt auf den Anderl eingeredet. Der halbe Verein. Sogar der Herr Pfarrer. Ja, dem Anderl seine eigenen Eltern. Und er? –

»Nur wenn sie ihm kein echtes Busserl gibt, darf sie spielen!« Er blieb unerbittlich. – »Ein Theaterbusserl ist niemals echt«, sagte der Regisseur. »Es muß nur echt aussehen.«

»Was ich gesehen hab', hab' ich gesehen!«

»Jetzt wirst du mir langsam zu kindisch, Anderl«, seufzte plötzlich die sich wieder aufrichtende Evi. »Alles was recht ist, du weißt, daß ich dich mag. Aber wenn du mich vor dem Heiraten schon mit der Eifersucht plagst, dann hab' ich auch meinen Stolz! Dann

kannst du deine Eifersucht bei einer anderen probieren.«
Die Premiere war gerettet. Und der Jagersepp, alias der Postmichel, hat sich besonders herzhaft busseln lassen von der Almbauern-Moni. »Weil meiner Gerdi ist das wurscht, was ich auf der Bühne mach'«, sagte er überlegen. »Warum nicht, unsere Liebe ist ja nur Theater! Du hast dein Anderl und ich hab' unsere Kellnerin, die Gerdi.«

Der Wildschütz Staudinger hat den Jagersepp angeschossen gehabt – im zweiten Akt – durch das hat sie den Jagersepp genommen. Auf der Bühne. Im Leben spielt die Liebe ernster. »Leider«, seufzte die Theater-Braut. Nach dem Abschminken kamen die Probleme der Wirklichkeit wieder ans Tageslicht. Und die brachten jeden Tag neue Konstellationen.

Sechsmal haben sie das ergreifende Wildschützenstückl spielen müssen. Die Zuschauer haben es gemerkt wie die Schreiner-Evi zum Postmichel paßt. Wie die Almbauern-Moni zum Jagersepp. Hinter der Theaterliebe wuchs eine wirkliche Liebe.

Die zwei haben sich als glückliches Brautpaar schön angehimmelt. »Weißt was, Evi, der Postmichel passert auch im wirklichen Leben nicht schlecht zu dir!« Meinte die Mutter. Ob das wahr ist? Sie und der Erbe des Gasthofes zur Post mit Metzgerei und Ökonomie? Sie getraute es sich noch nicht einzugestehen. Von

Aufführung zu Aufführung hat ihr aber der Jagersepp – alias Postmichel – jedesmal besser gefallen. Sie hat es ihm auch spüren lassen, beim Brauttanz. Und er hat es ihr auch gezeigt.

»Lachen müßt' ich, wenn aus dem Theater eine Wirklichkeit heraus käm'! Und die Wirklichkeit vorher grad ein Theaterspiel gewesen wär'!« So dachte sich der Vereinsvorstand. Natürlich, es gibt auch noch eine andere Musik als allerweil nur die Trompetenblaserei.

Der Verdruß im Gasthaus zur Post läßt sich denken. Die Kellnerin Gerdi hat gekündigt und ist auch gleich krank geworden. Die Wirtin hat nur gesagt: »Es ist nicht wert, daß man darüber redet. In den jungen Jahren muß es drunter und drüber gehen in der Liebe. Sonst halt es keiner aus vor lauter Neugierde!«

Eine Wirtin ist eine Wirtin und redet auch als Mutter den Gästen nach der gängigen Meinung.

Vom Anderl hört man, daß er seine Trompete verkauft hat. »Das hast jetzt von deiner Eifersucht. Hättest ihr vertraut, wäre aus euch das schönste Paar geworden.«

»Schluß. Mir ist es jetzt leichter. Ich mag das nicht, wenn einer mein Mädchen poussiert. Auch nicht auf der Bühne. Meine neue Zukünftige darf nicht theaterspielen. Wir bleiben auf dem Boden der Tatsachen, denn das Leben ist keine Komödie.« Die Schreiner-Evi wird jetzt – allem Anschein nach – Postwirtin. Das ist kein Wunder, denn beim Theaterspielen haben sich schon oft die Paare gefunden. Die Wirts-Hochzeit ist eine große Festlichkeit geworden. 120 Hochzeitsleut' haben getanzt, haben gegessen und getrunken. Und der Herr Pfarrer hat eine kurze, aber zutreffende Ansprache gehalten:

»Liebes Brautpaar, im Spiel habt ihr euch kennen- und liebengelernt. Möge jetzt im Leben eure Ehe ein einziges, fröhliches Komödienspiel sein! Amen.«

Die Fahnenweihe

Ein schöner Julitag. Das Wetter paßt. Ist also der Fahnenmutter ihr Gebet doch erhört worden. Sie hat vor dem Hochaltar der Peterskirche ihrer Pfarrei dieses Gebet verrichtet:

»O heiliger Sankt Peter, schick uns ein schöns Wetter, denn morgen ist unser Fahnenweih', da braucht man fein ein Sunnaschein. Denn dös waar faad, wenns regnen taat! Da wuretn die Schürzln naß von unserne Kranzljungfraun! Und meine Frisur wär' auch nimmer zum anschaun.« Ihr Gebet wurde erhört.

Es ist Sonntag in der Früh um halb fünf Uhr. In Kirchenzell sind noch nicht einmal die Gockerl wach. Da, auf einmal schmettert eine Musikkapelle daher. Was ist denn heut los?

Ja was denn? – An einem Julisonntag in der Früh um halb fünf Uhr? Der Schützenverein Kirchenzell hat sich für fast sechstausend Mark eine neue Fahne sticken lassen. Und heute wird sie geweiht. Der Herr Landrat ist der Schirmherr der Fahnenweihe. 60 Vereine werden erwartet. Erst marschiert die Musikkapelle vor das Haus der Fahnenmutter zum Weckruf. Die schlafen noch. Die Frau Anni kommt im Negligé daher. Aber die Haare hat sie schon sauber frisiert. Ihr Mann, der Peter, Metzgermeister, gehört zum Vorstand der Schützen. Doch nicht nur deswegen ist sie Fahnenmutter geworden. Nein, auch weil sie die beliebteste Frauenspersönlichkeit in Markt Kirchenzell ist. Vierzigjährig auch noch eine Schönheit. Die Kapelle wird ins Haus gebeten, in die schöne, neue Bauernstube. Und es werden die besten Weißwürste serviert. Dazu Senf und resche Bretzeln und Bier. Zünftig wird so ein musikalischer Weckruf. Gleich lustiger wie auf einer Hochzeit vergnügt man sich. Sie spielen nochmal eine fröhliche Mazurka auf. Die Fahnenmutter tanzt mit ihrem Gemahl. Es wird halb sechs, bis man endlich weiterzieht. Sie lassen nochmal den Albrechtsmarsch hören und kommen vor das Haus wo die Gerda wohnt, die Fahnenbraut.

Eine schönere Fahnenbraut hätte die Vorstandschaft nicht wählen können. In unserer Kapelle sind gleich drei in die Gerda verliebt. Sie sollte eine bildsaubere Marketenderin werden. Aber ihr Vater hat es nicht erlaubt. Er spielt die Posaune und kennt seine musikalischen Kollegen. Der Schützenmeister hat sie zur Fahnenbraut wählen lassen. Und das ist eine große

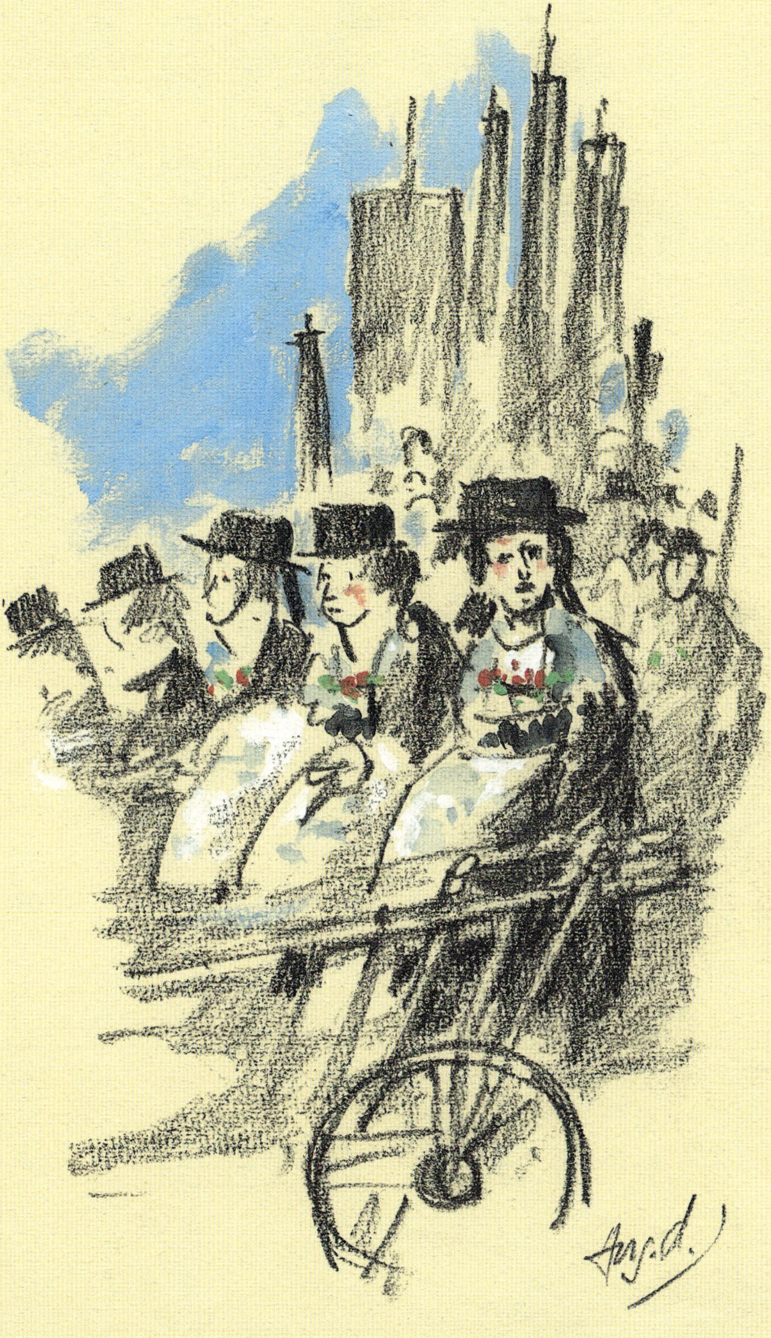

Ehre. Dem Toni, unserem Trompeter ist es recht. Auch dem Heinz, unserem Hornisten. Wer von beiden das größere Glück hat, weiß man nicht. Die Fahnenbraut heißt ja nicht Fahnenjungfrau.

Die schöne Gerda, die Fahnenbraut, kaum 21 Jahre jung, zeigt sich um diese Morgenzeit auch im Negligé. Eine Friseuse war eben noch bei ihr. »Sogar meine Ohrringerl hat sie an«, denkt sich der Heinz. Er hat sie ihr zum 20. Geburtstag geschenkt. Die schöne Gerdi also steht vor der Haustüre und hört sich mit Respekt den Marsch an. Hernach wird die ganze Kapelle in die Wohnung hinaufgeführt in den ersten Stock.

Die Musikanten sitzen im Wohnzimmer und es gibt Kaffee mit Hörndeln und Kipferl. Kaum daß die dreizehnköpfige Kapelle Platz hat. – Jetzt pressiert es nicht mehr. Ein Walzer ertönt. Der Herr Schützenmeister, der Herr Bürgermeister und der Herr Pfarrer müssen mit den ihnen zugedachten Weckrufen warten. – Bei diesen Honoratioren trinkt man dann nur noch einen Schnaps über die Straße. Um acht Uhr kommen bereits die Vereine.

Bei der Begrüßung der Vereine läuft ein uraltes Zeremoniell ab. Es ist acht Uhr. Die ersten Busse kommen an. Die geladenen Vereine steigen weit vor dem Bierzelt aus. Sie gehen zu Fuß mit ihrer Fahnenabordnung voraus, dem Festverein, der eine neue Fahne heut kriegen wird, entgegen. Die Männer des Festvereins stehen da mit ihrer alten Fahne. Sechzig Vereine sind geladen. Es werden fast siebzig. Das Schwenken nimmt keine Ende. Fahnen umarmen sich wie Menschen. Mit der Fahne des heutigen Patenvereins wird jede neu ankommende Fahne begrüßt. Das geht einem fast zu Herzen.

Wenn nur mit diesem uralten Fahnenzeremoniell in der NS-Zeit nicht so viel Schindluder getrieben worden wäre! Patriotische Gefühle sind damals mißbraucht worden. Die Kirchenzeller Schützen denken nicht daran. Ein Patriot kann nicht ein jeder sein. Dazu braucht es ein Fingerspitzengefühl und eine Menschenfreundlichkeit.

Viele der geladenen Vereine haben eine eigene Musik dabei. Von allen Seiten schmettern die Kapellen. Sie übertönen sich. Ein Marsch überdeckt den andern! Ein festliches, ein musikalisches Durcheinander.

Endlich sitzen alle im Zelt zum Frühschoppen. Vor der heiligen Handlung der Fahnenweihe des Schützenvereins »Scharfes Auge, Kirchenzell«, werden Weißwürste gegessen.

Zusätzlich zu all den Festlichkeiten krachen seit fünf Uhr in der Früh die Böller. Mögen sich auch etliche darüber beschweren. Was Brauch ist ist Brauch. Dagegen kommt kein Prozeß an.

Um zehne endlich ists so weit:
Aufstelln zum Kirchenzug!
Zwölf Musikkapelln wollen sich aufstelln.
Schützn, Dirndln, alle schaugn ma:
Spenser, Dirndln, Ringelhaubna.
Vollzählig den Gemeinderat,
An Bürgermeister und an Landrat.
Und eine ausgesuchte Jungfernschar
Tragt die neue Fahn' vor den Altar.

Etwas Unbeflecktes haftet jeder Fahne an. Das Fest wird immer frömmer und schöner und stiller vor dem Hochaltar auf der großen Kirchenwiesen. Tausend Leute stehn mindestens beisammen. »Wohin soll ich mich wenden«, singt der Chor. Drei Kapellen spielen mit. Es klingt schöner wie mit der Orgel.

»Wohin? – Ja, wohin denn schon? Zu Gott und zum Mitmenschen unter euerer Fahne.« Die Worte des Predigers finden offene Ohren. Die neue Fahne wird mit Weihwasser besprengt, obwohl unsere Schützen die heidnische Göttin Diana naufgestickt haben. Das war die Idee des Schützenmeisters, der sieben Klassen Gymnasium mitgemacht hat. Und doch: In der Rennaisance hat das katholische Rom in der heidnischen Göttin Diana manchmal auch die Mutter Gottes gesehen. Parodia christiana hat man das geheißen. Über dem Kirchenbrunnen von Großgmain bei Salzburg steht so eine doppelgesichtige Diana. Mit zwei Gesichtern und zwei Brüsten gar! Wie weiland in Rom im Diana-Tempel.

Die Fahnenmutter hat ihre Verse selber gedichtet. Sie heftet der neuen Fahne ein Erinnerungsband an. Das gleiche tun die vier Ehrenjungfrauen. Und hat von ihnen auch eine jede ihren eigenen Vers.

Aber dann geht es endlich wieder in das Bierzelt. Vom Atlantik bis ans Schwarze Meer ißt man jetzt einen Schweinsbraten. Es lebe die Provinz, von Nantes bis nach Linz! Und weiter aa bis Sulina. Vierzig Hektoliter Bier könnten heute getrunken werden, rechnet der Bräu. Und die Fest-Kapelle spielt »über Tisch« ein melodienreiches Potpourri.

Und schon rufen die Vereinsvorstände:

»Aufstellen zum Festzug!« – Das ist der Höhepunkt der Festlichkeit. War der Kirchenzug schon prächtig, der Festzug ist zwei Kilometer lang. Schauwägen mit Kirchen und Maibäumen, Trachtengruppen mit Drischldreschern, Ochsengespanne und alte Festkutschen verschönern den Triumphzug der Schützen.

Da schau hin! Wie schneidig der Großvater noch bei den Veteranen mitgeht! Und erst unsere Mutter mit ihrer goldenen Riegelhaubn! Am meisten gefällt mir der Veteranenverein. Da sieht man noch verwundete

Männer und alte Krieger. Ja, nach jeder Fahne muß man daran denken! Doch ist der Tag heut friedlich und freundlich. Im Bierzelt wird es spät werden. Die weißen Handschuhe des Fahnenjunkers werden befleckt. Die schönen Kleider der Ehrenjungfrauen müssen morgen sowieso in die Reinigung.

Der Jungfernsprung
(Oder der Musihansi)

Musikanten gibt es in jedem Dorf, in jedem Weiler, in jeder Einöde. Darum haben wir ja den Spruch: Wir haben drei Häuser und fünf Musikanten.

Eine alte Musikantengeschichte die vor zweihundert Jahren im Fasching gespielt hat. Es ist die Geschichte vom Musihansi und dem Jungfernsprung.

Der Musihansi hatte ein kleines Anwesen und es ist sein verstorbener Vater schon ein gesuchter Musikant gewesen. Die Mutter hat die zwei Kühe versorgt. Er war noch ledig. Er hat einer jeden einen lustigen Tanz aufgegeigt, daß die Röcke nur so geflogen sind. Obwohl eine jede im Arm eines anderen getanzt hat, hat ihm das nichts ausgemacht. Er hat mit seinem Instrument bald für die Kathi und bald für die Marianne geschwärmt. Hat auch der Lisbeth einen »Hupferten« heruntergefiedelt oder mit der Klarinette aufgeblasen.

Es war in den klösterlichen Hofmarken Schwabens und Altbayerns der Brauch gewesen, daß auf den ersten Hofmarksball ein lediger Bursch ein lediges Mädchen hat zum Tanz einladen dürfen. Anwesend waren bei diesem schon am Nachmittag beginnenden Tanz, Seine Gnaden der Herr Abt oder Propst mit dem Prior und dem Pater Ökonom.

Auch die ehrbaren Eltern waren anwesend. Vielleicht auch die benachbarte weltliche Herrschaft.

Ein Abt bemerkt in seinem Tagebuch: »Es hat heut der Hofmairhansl mit der Schneidertochter Magdalen den »welschen« Tanz gesprungen.«

Die Leute nannten diese honorige Veranstaltung, die den jungen Burschen lehren sollte wie man mit einem ehrbaren Mädchen auf dem Tanzboden umgeht, den Kranzltanz oder auch den »Jungfernsprung«. – Und tanzen hat den ganzen Tag der Bursch nur mit seiner gewählten Kranzljungfer dürfen. Mit keiner anderen.

»Es sollten die jungen Burschen lernen, wie man mit einer ehrbaren Weibsperson – nit in der Heimlichkeit sondern vor aller Augen – umzugehen hat!« An so einem Kranzltag hat der Musihansi besonders flott gegeigt!

Anno 1767 ist die Sunnleitner Evi siebzehn Jahre alt geworden und weil sie eine besonders gute Partie gewesen ist und sauber gewachsen dazu, hat der Pater Ökonom den Vorschlag getan, der Höllneder Franz möge die Evi zum Kranzltanz einladen.

Der hat das bereits nach Heilig Dreikönig getan. Ist nobel wie ein Hochzeiter mit dem Gasslschlitten auf

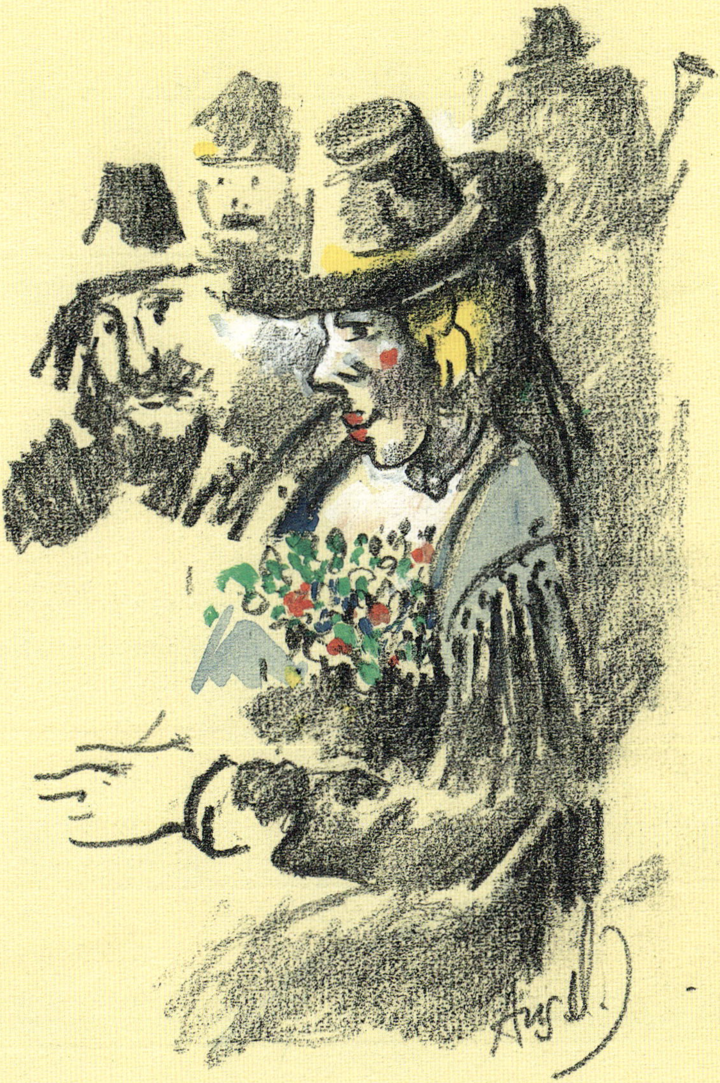

Sunnleiten vorgefahren. Die Eltern hatten keinen Einwand, obwohl der Franz schon das dritte Mal ein junges Mädchen zum Ehrentanz hat eingeladen. Und zweimal war es nur der Brauch! Der Kranzltag ist kein Hochzeitstag, verpflichtet zu nichts und man kann öfters diesen Jungfernsprung halten, ehvor der oder die Gerechte kommt. Das war auch die Meinung des Pater Ökonom.

Die Evi hat dem Franz zugesagt. Und er hat ihr als Ehrenspringer auch gefallen. Wie der Tag gekommen ist, hat sie der Franz abgeholt wie eine Hochzeiterin. Vor dem Wirtshaus hat alle Pärchen der Musihansi musikalisch begrüßt. Die Mädchen hatten alle Buxkranzerl im Mieder gehabt, taten geschamig. Und die Burschen haben geschrien vor lauter Freud. Und jeder hat gemeint, er hätte die Schönste.

Alle jungen Paare haben sich vor dem Propst verneigen müssen und dem Pater Ökonom haben sie die Hand drücken dürfen. Dann ist es in den Saal hinaufgegangen. Und der erste Tanz hat angehebt. Es war ein Kickeriki. Beim zweiten Gang haben die Eltern auch mittanzen dürfen. Das war dann schon kein Hupferter mehr, denn die Alten wollten es auch beim Jungfernsprung kommoder haben.

Dem Musihansi und seinen Musikanten war gut zuzuhören. Und man hat es ihm angemerkt, ihm ablusen können, daß ihm heut am besten die Evi gefallen hat. Die Sunnleitner Evi hat ja beim Musihansi das Zitherschlagen gelernt. Einmal spielte er ihr zur Lieb den Siebenschritt, den sie schon auf der Zither geübt hat. Dann wieder das Hirtamadl. – Er wollte es sich nicht anmerken lassen, aber die Evi hätte er selber gerne in das Tanzen eingeweiht.

Doch das schickt sich nicht für einen Musikanten. Hinschauen, ja. Und aufblasen ist genug. Stellvertretend tanzt für ihn heut der Franz. Der ist in seinen Augen eh kein Guter. Das wird die Evi bald spannen. Am End gibt sie ihm noch vor der Heirat einen Korb.

Ein Musikantenherz hält sowas aus. Stundenlang. Man hat sie ja in der Hand die zwei. Im Griffbrett auf der Geige. Im Mundstück von der Klarinette. Der Franz kann nicht aus mit der Evi. Er muß so tanzen wie ich geig' oder pfeif'.

Um zehn Uhr ist der Ehrensprung aus gewesen. Jetzt sind die liebenswerten Töchter von ihren Eltern heimgebracht worden. Und die Ehrenspringer mußten auch mit ihren Alten heimfahren – oder heimgehen. So haben es sich die geistlichen Hofmarksherren ausgedacht. Daß bei der Nacht ja nichts passieren kann.

»Waar ja aus, wenn eine Unkeuschheit geschehe!« Der ganze Fasching wäre nicht mehr lustig. Dem Propst war der Jungferntanz eh zuwider!

Der Höllneder Franz aber, besonders nobel – oder aber weil er bereits zum dritten Mal den Jungfernsprung getan hat – er ist seiner Sunnleitner Evi nachgefahren. Und obwohl die Mutter Bäuerin ihn davon jagen hat wollen, hat er gesagt: »Ich möchte von der Evi an dem heutigen Tag noch persönlich den Abschied nehmen, weil sie mir gar so gut gefallen hat.« Und er hat ihr drei Busserl gegeben. Eins höchstens war erlaubt. Er aber hat ihr gleich drei gegeben. Wenn auch die Mutter Bäuerin noch so gegreint hat.

Der Franz ist viermal auf die Sunnleiten gekommen. Doch nur zweimal hat er sich bei den Eltern sehen lassen. Das dritte und vierte Mal hat er sich heimlich mit der Evi getroffen. Und dann hat sie ihm gar das Fenster aufgetan. – Wenn halt die Nüss' zeitig werden, fallen sie von selber herunter.

Der Verdruß vom Musihansi läßt sich denken! Seine Zitherschülerin hat nicht mehr geübt, hat von Stund' zu Stund' schlechter gespielt, wollte das Zitherschlagen ganz aufgeben. Warum? – Der Hansi hat es ihr angemerkt. »Hat dir der Franz etwas angetan, Evi?«

Und die Evi hat geweint. – Indem der Franz von seiner vorigsjährigen Partscheller Kranzlspringerin auch ein Kindl erwartet hat. Er also mit der Partscheller Amalie ihrer Kranzlbekanntschaft nie aufgehört hat. Ein Lügner. Der Höllneder Franz.

Er hat sich nicht mehr sehen lassen auf der Sunnleiten. Auch nicht, nachdem der Vater mit dem Hochwürdigen Pater Ökonom geredet hat. »Beim Jungfernsprung kann das nicht passiert sein, lieber Sunnleitner. Der war vor aller Augen höchst ehrbar. Das Unglück ist in deinem sündigen Haus geschehen. Deine neugierige Evi hat sich von dem erfahrenen Franz verführen lassen. Aber, Sunnleitner, denk' dir nichts zu Schwermütiges! Der Herrgott wird es schon wieder gutmachen, denn ohne Unkeuschheiten gäb es keine Heiligen Taufen und keine Heiligen Kommunionen.« Eine wahre Rede, dachte der Sunnleitner. Und er ging fast getröstet heim. Mit einem Kind kann die Ev' allerweil noch eine große Bäuerin werden.

Der Musihansi spielte der immer beleibter werdenden Evi jetzt einen Landlerischen nach dem anderen auf. Auch wenn sie zum Zitherschlagen keinen Gusto mehr gehabt hat, getröstet hat sie es doch.

»Freilich, hast grad zwei Küh' daheim«, sagte die Mutter Bäuerin zum Hansi »und stammst nicht rar her, bist halt ein Musikant. Und für mein Töchterl hätt' ich mir schon einmal was Größeres und Besseres gewünscht, wie so ein Siebenschrittmann!«

Diese Rede hat den Musihansi sehr verdrossen. Er hat sein Instrument eingepackt und hat sich auf der Sunnleiten drei Monat lang nicht mehr sehen lassen.

In der Zeit hat die Evi ein Mädchen auf die Welt gebracht. Da ist dann doch der Musihansi mit allen seinen Musikanten zum Tauffest gekommen und hat der Wöchnerin ein Kindllied nach dem anderen aufgespielt. Und es waren lauter Jodlerische. Und dann das überaus lustige Gstanzllied: »Der Giggelgoggl hat a Henn ghabt und der Gogglgiggl der möchts aa...« Er war ihr wieder gut, seiner jungen Zitherschülerin. Wollte ihr wieder gut sein. Er beteuerte ihr: »Und wennst Zwillinge geboren hättest, Evi, ich taat dich grad so gern mögen, wenn es dir recht ist und der Frau Mutter Bäuerin. Gar Drillinge würden mir nichts ausmachen. Ich hab' dir ja zum Ehrensprung aufgespielt selbigsmal. Ich – und nur dir. Das ist halt einmal einem Musikanten sein Schicksal. Ja, ja, Sunnleitner, das ist alles musikalisch!«

Im folgenden Februar ist es wieder Fasching worden und der Herr Pater Ökonom hat den Herrn Propst vertreten dürfen und hat eine kurze Ansprache gehalten: »Meine lieben Jungfernspringer, wenn es auch vergangenes Jahr wieder zwei ledige Kinder gegeben hat, möchte ich den alten Brauch des Kranzeltanzes, in höheren Kreisen wie in der Kaiserstadt Wien »Debütantinnenball« geheißen, nicht abschaffen. »Kinder der Liebe« sind zwar eine Sünde, aber wenn sich ein heiliger Josef findet, ist alles wieder gut! Ich gratuliere also dem gestrigen Hochzeiter, dem Musihansi aus ganzem Herzen zu seiner Frau Eva und wünsche mir, daß er zum heutigen Ehrensprung mit seinen lustigen Musikanten sein Allerbestes hören läßt. Euch zu Ehren und uns zur Erbauung.«

Mit der Säkularisation, der Klosteraufhebung, ist der Kranzltag oder Jungfernsprung abgeschafft worden. Aber die lustige Tanzlmusik ist geblieben. Gott sei Dank!

Die Posaunen-Englein

Es ist ein Kreuz mit den Musikanten! Besonders mit den Ledigen! Da ist immer einer verliebt. – Wie unser Richard, der Posaunist, in die Polizeimeisterin Andrea. Und jetzt auf einmal auch in die Mesnertochter Rosi. – Sie ist die Tochter allein. Wenn er ins Mesnerhaus einheiratet, muß er einmal die Mesnerei übernehmen. Darüber derblecken ihn die Kameraden heute schon. Ob das überhaupt polizeilich erlaubt ist, daß ein Musikant auch noch Mesner sein darf?

»Richard, bleib' lieber bei der Polizistin Andrea, die kann wenigstens Zitherschlagen. Außerdem paßt ein Mechaniker besser zu einer Polizistin als zu einer Mesnerin.«

Solch frotzelnde Ratschläge hört er jeden Probenabend. Jetzt ist er sich nicht mehr gescheit genug. Es treibt ihn hin und her. Er ist in beide verliebt. Das kann kein Glück bringen.

»Wer sagt denn das, daß ein Musiker eine musikalische Frau heiraten soll? Daß vielleicht ein zweiter

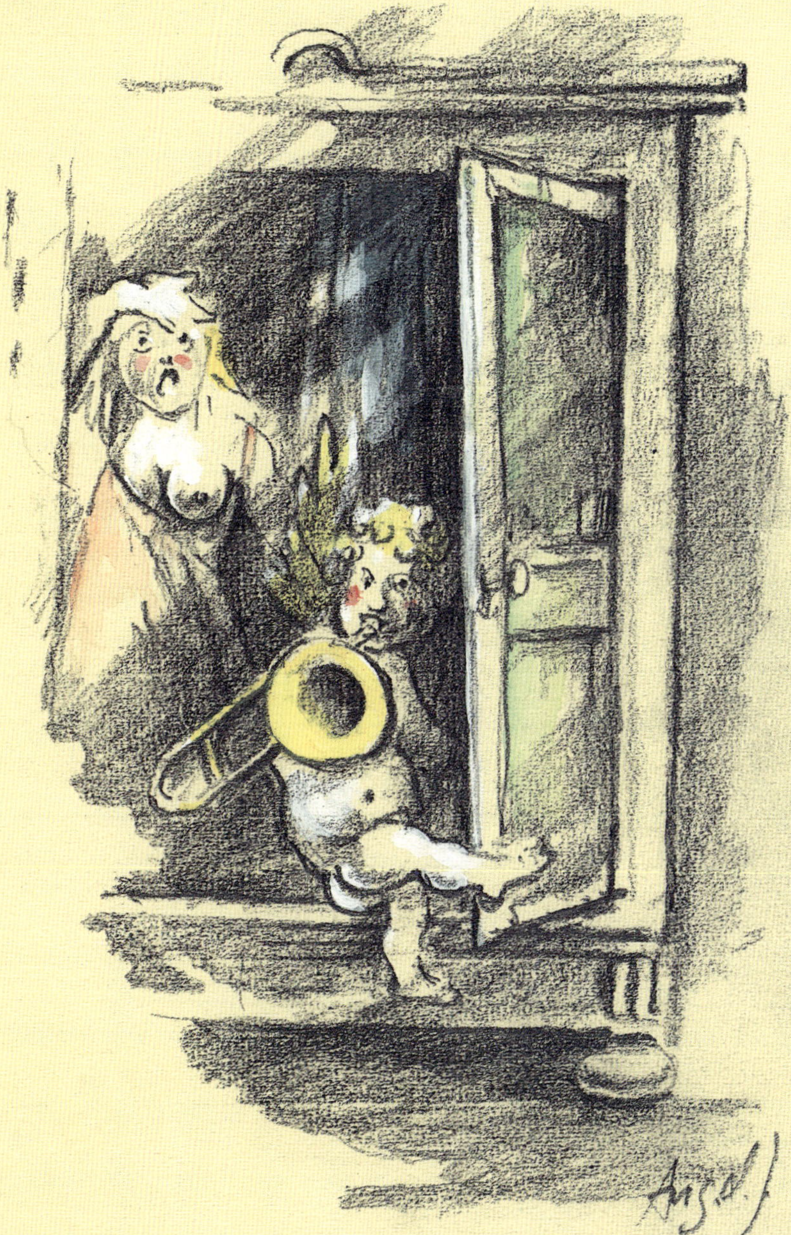

Kiem Pauli geboren wird? Oder ein Beethoven? Kommt nicht in Frage. Ein guter Posaunist braucht überhaupt nicht heiraten.«

Die Mesner Rosi spielt weder ein Instrument noch kann sie singen. Aber sie verfügt über die Kunst der Verführung, bei den Musikern lustigerweis' auch »Musighör« genannt.

Ein Musighör hat bei ihnen eine, mit der man sich sofort gut versteht – gerade im Erotischen. »Ich hab' noch keine gekannt, die ein solches Musighör gehabt hat wie die Mesner Rosi.«

Aber das nämlich hat er vor dem Fasching auch von der Polizistin Andrea gesagt. Der Mensch denkt und Gott lenkt. Besonders in der Liebe: Ein Posaunist bläst und Amor schlägt den Takt dazu.

Jetzt auf einmal diese Aufregung! In unserer Kirche sind zwei Englein gestohlen worden. Die Polizeimeisterin Andrea bringt eine große Unruhe in unsere Kapelle. Grad wie wir die Probe auf unser Frühlingsfest abhalten. Was ist passiert? Aus unserer Kirche sind die zwei Kanzelengerl gestohlen worden. Sehr wertvolle Englein, wie in der Zeitung gestanden ist. Kunst, kein Krempel! Einer allein 3 000 Euro wert.

Sie stammen nämlich aus der Werkstatt von Meister Jorhann. Und ist die Kirche erst restauriert worden. Da sind die Diebe auf die zwei feschen Kanzelengerl aufmerksam gemacht worden. Auch durch die Presse! – Und weil alle zwei die Posaune in den Händen halten ist unser Richard als Mitverdächtiger ins Gespräch gekommen. Nicht direkt, aber man hat geredet darüber.

Indem die Presse auch geschrieben hat, daß die Herrn Pfarrer seit Jahren nicht mehr von der Kanzel predigen, trotz der Schönheit derselben, sondern nur über den Lautsprecher vom Altar aus. Das wäre eine Sünde, wo man eine so wertvolle Kanzel hätte mit zwei Jorhann-Engerl, von denen da jeder eine Posaune bliese!

Da sollte der Richard einmal gesagt haben: Laßts die Engerl davon fliegen. Weiß Gott, vielleicht geht der Pfarrer dann wieder auf den Predigtstuhl?

Jetzt als künftiger Mesner könnte dadurch unser Posaunist zum Diebstahl geholfen haben. – Andreas Verhör war streng. Um Haaresbreite hätte sie ihn mitgenommen. Und einen Kirchenräuber würde sie sowieso nicht mehr mögen. Aber Richard hat alles abgestritten und hat sie für befangen erklärt. Wegen Eifersucht sei sie total befangen.

Natürlich war die Polizistin eifersüchtig auf die Mesnertochter. Das verdenkt ihr niemand. Aber vielleicht war doch etwas dran? Wenigstens hat der Richard zu seiner Freundin öfters gesagt: »Grad einmal zur Gaudi lassen wir die Kanzelengerl davonfliegen. Und wenn der Pfarrer daraufhin wieder vom Predigtstuhl predigt, lassen wir sie wieder zurück fliegen.« Aus Übermut ist ihnen die Geschichte eingefallen. Nicht aus kunsthistorischen Gründen. Und die Zeitung hat über die gestohlenen Engerl geschrieben, hat auch von Richard und Anna ein Foto gebracht. Und vermutet, daß die wertvollen Posaunen-Engel von irgend einem Antiquitätengeschäft vielleicht schon nach Amerika verkauft worden sind. Eine unseriöse Darstellung.

In Wirklichkeit hat die Englein der Udo, unser Schlagzeuger, daheim in seinem Kleiderschrank versteckt gehalten. Und ist besagter Udo, Richards bester Freund. Die Untersuchungen haben sich hingezogen und aber den Engeldieb nicht eruieren können.

Das Thema hat nicht aufgehört. Tagelang haben die Leut' über die gestohlenen Englein debattiert.

Da hat sich die Mesner Rosi in der Pfarrausschußsitzung verraten. »Die Leut' sagen«, sagt sie, »wenn Sie künftig wieder von der Kanzel predigen, Herr Pfarrer, kommen die Englein wieder zurückgeflogen.«

Das ist auch der Polizeimeisterin Andrea, ihrer Rivalin, inne geworden. Und sofort hat sie im Mesnerhäusl eine Hausdurchsuchung beantragt und auch durchgeführt. Gleich darauf beim Richard. Beide Male ohne Erfolg. »Nachdem meine Unschuld bewiesen ist, könnten wir wieder musizieren. Du die Zither und ich die Gitarre. Hab' dich eh schon lange nicht mehr begleiten dürfen. Nicht einmal musikalisch.« Aber sie mochte mit dem untreuen Posaunisten nicht mehr zusammenspielen. Da sagte Richard darauf die bedeutenden Worte: »Die Eifersucht darf einen nicht vom Musizieren abbringen.« Und die Andrea ließ sich überreden.

Sie hat mit ihm gleich in Uniform gespielt. Auf ihrer Zither. Obwohl das vielleicht gar nicht erlaubt ist. Dann sagte sie: »Und jetzt muß ich auch noch die Wohnung deines Freundes Udo durchsuchen. Der hat doch am meisten die Theorie von den weggeflogenen Engerln verbreitet.« »Bitte, wenn du meinst! Da geh' ich aber mit!«

Beim Udo wurde die Polizeimeisterin fündig. Sie wollte schon gehen, da glaubte sie im Kleiderschrank ein Geräusch gehört zu haben. Sie öffnete und zum Vorschein kamen nicht nur die Posaunenenglein, sondern auch noch die Mesner Rosi. Die Rivalin im Kleiderschrank des besten Freundes ihres Freundes. Ein doppeltes Inflagranti!

Richard brachte kein Wort heraus, aber dann gingen ihm die Augen auf. »Du möchst Mesner werden?« Sagte er vorwurfsvoll zum Schlagzeuger. »Und möchst mein bester Freund sein? – Pfüat euch God beianand! Ich entscheide mich endgültig für die Polizei, was ich sowieso vorgehabt habe.« »Es ist gut, daß wir auch ohne Trommel spielen können«, seufzte der Herr

Kapellmeister. Sogar bei der Fahnenweihe werden wir ohne Trommel aufziehen!«

Jetzt lernt ein Anfänger und Azubi das Schlagzeug. »Wum – wum – wum, zum Trommeln ist keiner zu dumm.« Sagen viele. Aber das stimmt nicht. Denn auch ein Trommler braucht in unserer Kapelle ein Gefühl.

Am meisten freut die ganze Pfarrei die Kanzelenglein. Kein Mensch hat sie früher geachtet. Und jetzt schaut sie ein jeder an.

Die Polizeimeisterin Andrea, außer Dienst ein wahrer Engel, ist wieder die Braut von unserem Posaunisten Richard. »Die zwei mein' ich, bringt jetzt nichts mehr auseinand«, sagt unser Kapellmeister. Und der hat einen Blick für die Liebe.

Sogar unser Hochwürden predigt wieder von der Kanzel. Freilich grad auf Ostern und Pfingsten und Weihnachten. Besser wie nichts. So werden die Posaunenengerl noch andächtiger angeschaut. Wenn man sie auch nicht hört, es geht wieder aufwärts in unserer Pfarrei. Meister Jorhann hat sich nicht umsonst geplagt.

Das zweite Glück

In der Straubinger Gegend ist es passiert. Und der Held der Geschichte ist wieder ein Posaunist. Wenn unser Herrgott einen Narren braucht, dann läßt er einem gestandenen Mann die Frau sterben. – Unserem Posaunisten, dem Ludwig, ist das passiert. Seine liebe Anna war die Allerbeste. Und hat so früh sterben müssen! – Nein, er wird gewiß nicht mehr heiraten, hat er ihr versprochen. Obwohl ihm die Anna noch auf dem Sterbebett gesagt hat, sie würde ihm vom Himmel herunter eine zubringen. »Was taatst denn allein«, hat sie gesagt: »Unsere Kinder sind alle zwei verheiratet. Paß nur auf, Ludwig, ich such' dir eine.«

»Eine so gute Haut wie dich gibt es nicht mehr, Anni. Du warst eine ideale Musikantenfrau. Und zu einem Posaunisten hast du besonders gut gepaßt. Hast ja selber einmal die Klarinetten geblasen. Nein Anni, ich such' mir keine mehr. Ich bleib' dir in Ewigkeit treu.«

Er hat seiner Klarinettistin ehrlich ein ganzes Jahr nachgetrauert.

Auf einmal hat ihm seine Anna vom Himmel herunter doch eine vermittelt. Er hat 56 Lenze gezählt und sie, die Vermittelte, war erst 37 Jahre alt. Der Altersunterschied ist schon ein wenig groß. Aber – und an dem hat er es gemerkt, daß sie ihm von seiner Verewigten vermeint war – sie hieß auch Anna. Wann sie sich auch Annerl nennt.

Er braucht sich nicht genieren, als Posaunist und Elektromeister im Städtischen E-Werk. Es ginge ihr gut bei ihm. Hausbesitzer ist er auch. Wenn es auch nur ein Reihenhaus ist.

Sie steht im Metzgerladen im Großmarkt. Er kauft bei ihr fleißig ein. Bald einen Aufschnitt, bald ein Suppenfleisch und manchmal nur Weißwürst'. Sie bedient ihn überfreundlich. Darum ladet er sie zum Kaffee ein. Und sie kommt! Die Liebe der beiden nimmt einen gewissen Fortschritt. Er zeigt ihr seine Posaune. Er spielt ihr gar ein Solo vor. Was ihr zu imponieren scheint. Er besucht mit der Annerl das Grab der Anni. Wie er aber vom Heiraten spricht, winkt sie gleich ab. Bei der dritten Kaffeestunde schon. Sie will nicht heiraten sagt sie. Obwohl alles so wunderbar sich angelassen hat? Und obwohl sie auch Anni heißt! Sie will nicht. Sie hätte noch andere Verehrer. Mehrere gleich? Jawohl, mehrere. Die Freiheit sei ihr wichtiger als eine Heirat. Da bekommt Ludwig einen Schock.

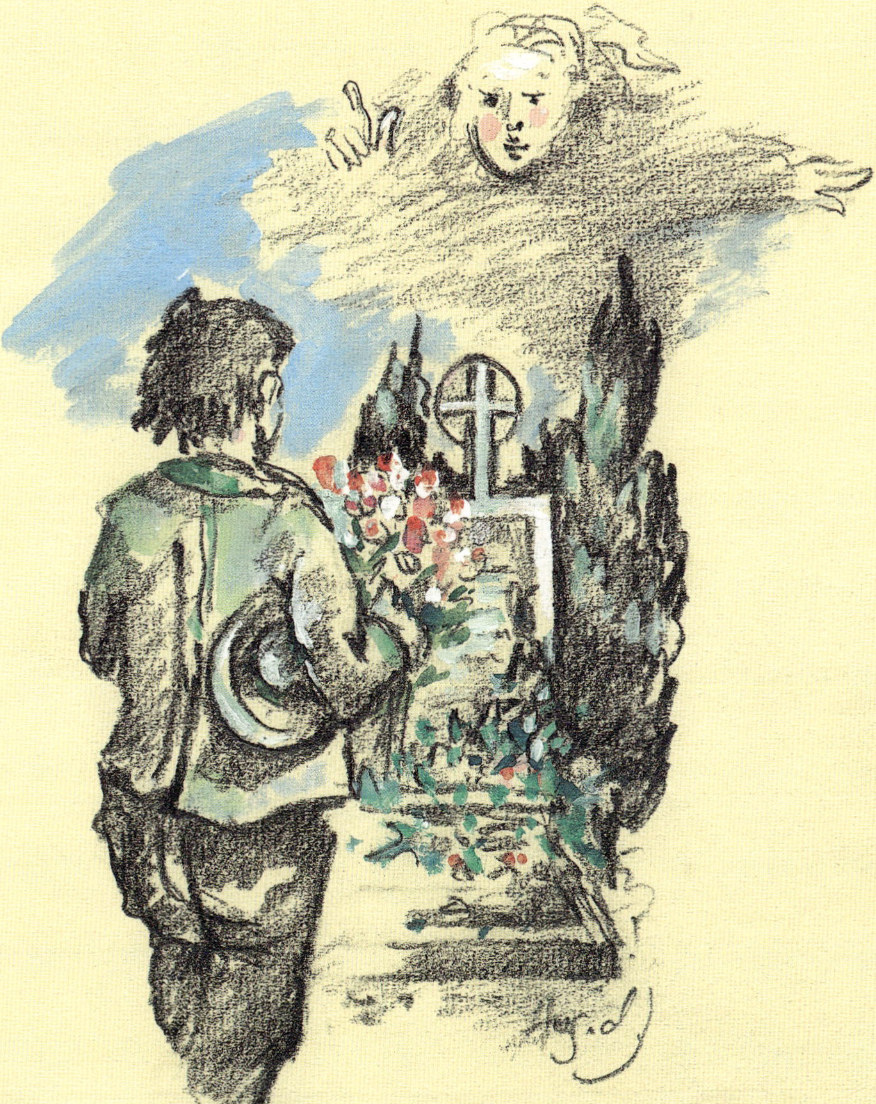

Der Herr Kapellmeister gibt ihm den Rat: »Laß die Finger von der, die ist bekannt, daß sie uns Männer zum Narren hält. Dafür bist du uns zu schade, Ludwig.«

Trotz der Enttäuschung gibt er seinen Traum von einer vom Himmel geschickten lieben Frau nicht auf.

Die Zugehfrau würde ihn auf der Stelle nehmen, das weiß er gewiß. Aber die ist mit ihm in die Schule gegangen und war bereits einmal verheiratet. Außerdem kennt sie kein anderes Instrument als den Staubsauger.

Und auf eine gewisse Musikalität muß er als Posaunist achten. Wenigstens soll sie das Hackbrett schlagen können! Das alles kann seine Zugehfrau – trotz anderen Qualitäten – nicht.

Nein, seine Anna selig würde ihm gewiß eine Musikalische schicken. Er muß sich nur gedulden. Doch die Liebessehnsucht ist das Gegenteil einer Geduld. Ludwig rennt jetzt jungen Mädchen nach. Er treibt es sogar mit einer Neunundzwanzigjährigen, die freilich fast Anna heißt, nämlich Annemarie. Er fährt mit ihr in die Operette. Dadurch meint er, sie sei musikalisch. Aber das Musical, das sie am liebsten hört, gefällt ihm nicht.

Sie kommt endlich zum Kaffee. Ihr Temperament ist ihm zu gewaltig. Den nächsten Samstag ist er bei ihr eingeladen. Da fragt er sie, was für ein Instrument sie denn spiele. Ein Instrument direkt nicht, aber sie hört dafür jeden Tag Country-Musik. Und sie hat einen

CD-Player. Die Countrymusik sei keine bayerische Volksmusik, meint er. Er mag sie nicht. Ein Wort gibt das andere und er geht. Er laßt die Annemarie sitzen. Eine, die keine Ahnung hat von einem Landler oder einem Zwiefachen kann er nicht lieben. Diese Annemarie hat ihm seine Anna gewiß nicht geschickt.

Aber der Ludwig läßt nicht locker. Er redet mit seinem verstorbenen Weiberl am Grab. Hat ihr einen Strauß von ihren Rosen gebracht. Und er fährt getröstet und gestärkt wieder seinem Hause zu. »Ich bleib dir treu, Anni.«

Da überquert eine Radlerin seine Fahrbahn und stürzt. Er hat gewiß keine Schuld an ihrem Sturz. Er steigt aus und hilft ihr in die Höhe. Sie hat Hautabschürfungen am Knie. Er bringt sie ins Krankenhaus und kümmert sich um ihr Rad. Ja, sie wohnt in Maiting, in dem stolzen Bauerndorf fünf Kilometer außerhalb von der Stadt. Er will ihren Mann anrufen. Nein, sagt sie, sie sei allein. Sie wird noch verbunden und er fährt sie heim.

»Keine zuwidere Person«, denkt er. »Wenn Sie zur Zeit ohne Anhang sind, dann besuche ich Sie wieder«, sagte er. »Und Ihr Radl bringe ich sowieso.« – Er verabschiedet sich fürs erste. Keine Grobe und schon 46 Jahre alt, denkt er sich. Und ich komme direkt vom Grab der Anni. Das ist ein Fingerzeig!

Er bringt das Radl, wird zum Kaffee eingeladen und die Radlerin gefällt ihm zunehmend besser. Die und keine andere denkt er sich. Aber noch weiß er ihren Namen nicht. Berger? Der Vorname ist ihm wichtig. Er fragt sie und sie heißt nicht Anni, sondern Inge. Das irritiert seine Sympathie gewaltig.

Ist denn das auch ein Name für eine bayerische Frau? Inge und so gar nicht zuwider? Soll er mit dem Namen bei ihr eine Ausnahme machen?

Es muß etwas daran sein an ihr, sonst hätte sie ihm seine Anni nicht geschickt. – Er holt sie ab und fährt wieder zu ihr. Er ist endlich hellauf glücklich mit der Inge, die nicht Anni heißt. »Meine Anni selig hat halt einen Humor und schickt mir eine Inge!«

Wenn sie jetzt auch noch musikalisch ist? Er könnte das Glück dann gar nicht aushalten. Und fleißig, zeigt sie ihm ihre Klarinette. Er ihr seine Posaune. Sie versuchen gar ein Duettl. – »Gut gespielt, Inge!«

In der Dorfkapelle war sie die erste Klarinettistin. Er kennt die Maitinger Musik. Eine gute Kapelle. Sie möchte gar der Stadtkapelle Konkurrenz machen. Niemals! Das würde die Anni selig nicht zulassen.

»Wenn sie auch Inge heißen und nicht Anni, so hat sie meine Selige doch geschickt. Sie hat es mir am Sterbebett versprochen, daß sie mir vom Himmel herab eine liebe, gute Frau zuschicken wird. Du bläst die Klarinette, deshalb darfst du ruhig Inge heißen. Weil meine Selige auch Klarinette geblasen hat. Nicht ganz so gut wie du, aber nicht schlecht.«

Er sagte bald du und bald sie zu ihr, so aufgeregt war er. Dann fuhr er fort, daß wenn sie mit einem Posaunisten zufrieden sei, einer Heirat nichts mehr im Wege stünde. Sie erbat sich drei Minuten Bedenkzeit. Wartend fuhr er fort, sie sei fünfzig und er würde den kommenden Monat das sechsundfünfzigste Jahr vollenden. Ein ideales Alter für ein spätes Glück. Und die Kinder wären verheiratet.

Gegen ein solches Paar könne kein Doktor und kein Pfarrer etwas einwenden. Ihr beider Alter sei geradezu hochmusikalisch. Eine Jüngere würde er niemals mehr heiraten wollen.»Und unsere Musikkapelle muß dich aufnehmen, dann sind wir immer beisammen, auch beim Musizieren.« Die Bedenkzeit war um und Inge hat ja gesagt.

Eine Musikantenhochzeit ist etwas zu Herzen gehend Schönes. Vom Kirchenzug bis in die Nacht hinein spielten die Freunde beider Kapellen. Auch unter dem Trauungsamt in der Kirche. Auf Wunsch der Anni erklang sogar Michael Haydns Kommunionlied »O Herr, ich bin nicht würdig«. Da trieb es dem Ludwig die Tränen in den Augen. Mißverstehend wollte er widersprechen. Er hat protestierend genickt.

Jetzt folgte der schwere Gang des frisch getrauten Paares – an das Grab der so früh verstorbenen Anni. Der Chor sang »O Mutterherz zu früh bist Du gegangen...«. Darauf spielten die Maitinger und die Kirchenzeller Kapellen gemeinsam das »Näher mein Gott zu Dir« und das »So nimm denn meine Hände.« Viele waren gerührt. Die Braut drückte sich hilfesuchend und tröstend zugleich an die Seite Ludwigs. Der drückte ihre Hand.

Gleich drauf ertönte der freudige Marsch von den Alten Kameraden. Die Hochzeitsgesellschaft zog freudig ins Gasthaus, wo in der alten Hochzeitsstube für über hundert Leute eine Tafel gedeckt war.

Die ältesten Tänze waren zu hören. Bald spielte die Kapelle der Braut und bald die des Bräutigams. Vivat Musikanten, laßt dem Paar ein Hoch erschallen! Der ausgelassene Hochzeitslader sprach gar noch von einem Kindersegen. Daß es eine lustige Verwandtschaft würde und die Enkel kleine Onkel und Tanten bekämen.

Am Grab eines Musikanten

Heut suche ich ein Musikantengrab auf, das es nicht einmal mehr gibt, aber in dem der Murmüller Wastl, mein Geigenlehrer gewesen ist, weiß ich es genau wo er liegt. Das war ein guter Lehrer gewesen, der Wastl. Und genau am Allerheiligentag in den bösen dreißiger Jahren ist er gestorben. Nicht auf Allerseelen, genau auf den Festtag Allerheiligen. Ein guter Musikant hat auch etwas von einem Heiligen. Er hat nicht nur die Geige beherrscht und die Zither, er hat auch das Tenorhorn geblasen. Aushilfsweise in drei Kapellen. Und wenn Not am Mann war, auch die Klarinette.

Die Musikanten des halben Landkreises waren seine Schüler gewesen. Auch die Trompeter und Posaunisten.

Auch junge Schülerinnen hat er gehabt, die mit 20 und 30 Jahren noch das Zitherspielen oder wenigstens das Gitarrenzupfen lernen haben wollen. Eingeheiratet hat er in einen Bauernhof mit sechs Kühen und zwei Pferden. Mit Knecht und Dirn. Früher haben ja die Musikanten viel Geld verdient. Mehr als ein Handwerker. Weil die Leut' noch mehr Hochzeiten gefeiert haben und sogar bei einer Taufe – zum Taufschmaus eine Geigenmusik haben aufspielen lassen. Dann die vielen Vereinsbälle und Stiftungsfeste! Die Hochwürdigen Herrn Primizianten nicht vergessen! Außerdem hat es wenig Musikanten gegeben. Dazu keinen Radio, kein Grammophon. Da ist ein jeder lustig geworden, wenn er eine Musik gehört hat und es hat ihn aus der Alltäglichkeit herausgehoben.

Der Murmüller Wastl hat einen Ruf gehabt. Man hat ihn auch nach seiner Einheirat in den Wendlhof immer noch den Murmüller genannt. Von der Mühle seiner Eltern und Großeltern war nur noch das Mühlstüberl und ein zerbrochenes Wasserrad übrig geblieben. Sein Vater hat die Mühle schon aufgehört und er hat als Bub schon nur die Musik im Kopf gehabt.

So galt es als Glück, daß er Wendlhofer werden hat können. Die Lies, die Hoferbin, war eine tüchtige Bäuerin. Sie hat freilich ein scharfes Regiment geführt. Das hat dem Wastl anfangs gefallen. Ist sie allerdings zu bös geworden, hat er ihr auf der Geige einen scharfen Marsch aufgespielt. Oder auf seiner Zither ein Schnaderhüpfl gesungen. Besonders dieses: »Wenn is anlang, na schreits! Mit meiner Lies is a Kreiz!«

Sie hat sich um den Hof gekümmert. Er um die Musik. »ich versteh' nix, Lisei, ich redt dir nix drein!«

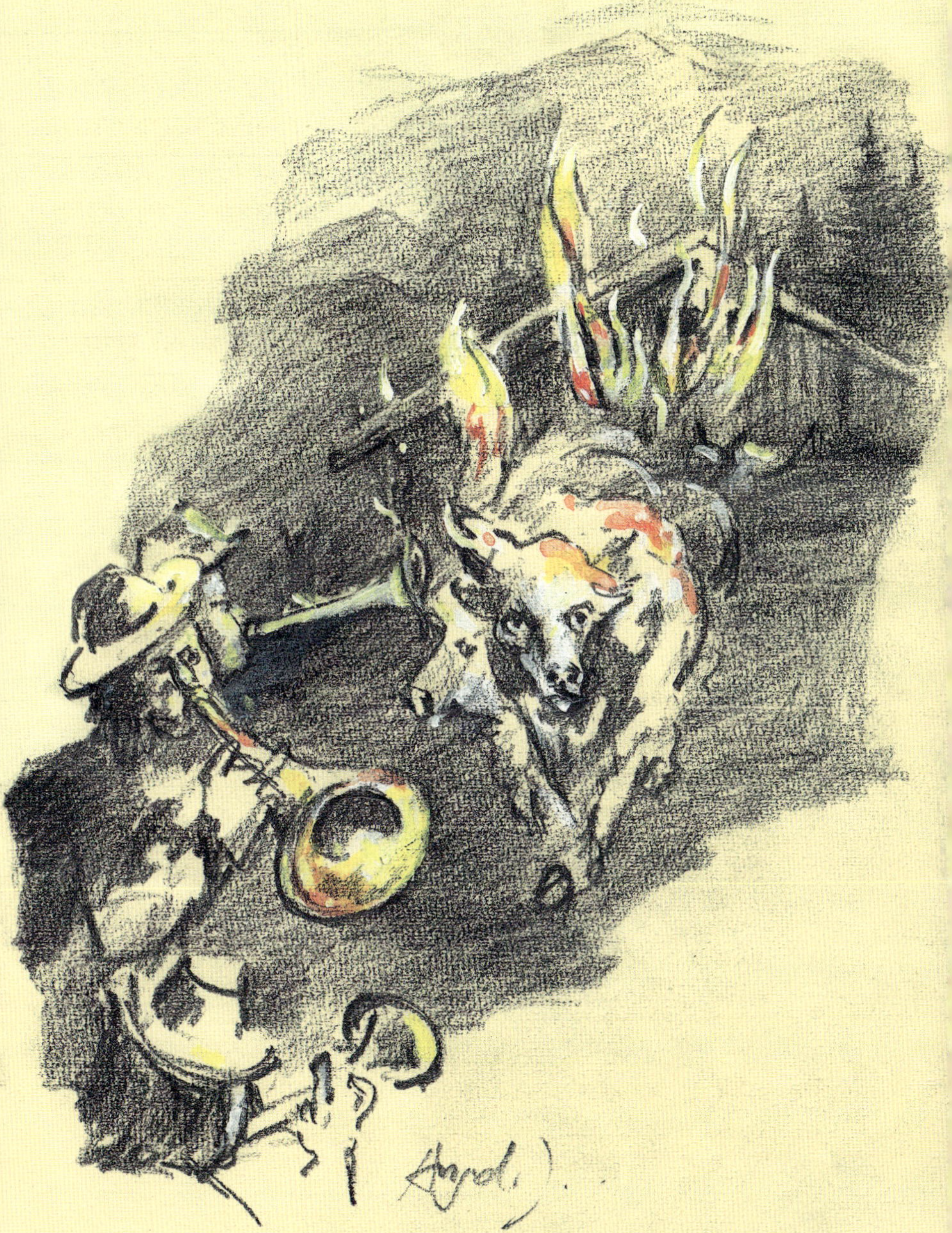

Und er ist mit seinem Geigenkasten auf und davon. Weil in der Nachbarspfarrei der Bräuhansel sein lediges Kind taufen hat lassen und da muß es lustig sein beim Kindlmahl. – Dahin war er. Auch in der Erntezeit.

»Da dagegen kannst du nichts machen. Lies, ein Künstler ist halt ein Künstler«, tröstete die Nachbarin.

»Einen solchen heirate ich nimmer. Kannst ihn heut noch haben, meinen Wast. Ich überlaß ihn dir gern und gratis.«

Obwohl ein Bub geboren wurde auf dem Wendlhof, ist es mit der Ehe nicht besser geworden. Öfters als fünfmal schon hat sie den Wastl ausgeschafft. Er soll nicht mehr kommen. Er soll wieder in seinem Mühlstüberl schlafen. Hätte seine Mutter ihm ohnehin noch ein Bett hinterlassen. Oder er soll bei seinen Menschern auf den Tanzboden nächtigen.

»Meiner Lies kann ich nicht einmal das Trommelschlagen lernen«, hat der Wastl eines Tages gesagt und ist tatsächlich nicht mehr auf den Wendlhof gegangen, sondern hat sich wieder in die väterliche, längst aufgelassene und ganz und gar ruinierte Murmühle eingenistet. Da ist es dann oft lustig zugegangen. Seine Meisterschüler und Musikantenkollegen haben da oft eine ganze Blaskapelle zusammengebracht. Und auch an spendablen Zuhörern hat es nicht gefehlt. Auch Frauenspersonen sind im Murmüller-Stüberl eingekehrt.

Sie haben zum Wastl seiner Zither gern gesungen und haben ihm seine armselige Heimat heimelig und freundlich gemacht. Sie haben ihm das Bett gerichtet und die Wäsche gewaschen. Er ist durchaus nicht verkommen, wie die Wendlhoferin gehofft hat. Im Gegenteil, der Wastl ist jeden Tag lustiger geworden. Und ist bei drei Musikkapellen im Umkreis gern gesehen gewesen. Von den vielen kleinen Musikanten-Serenaden gar nicht zu reden. Am liebsten hat er gegeigt. Manchmal zu einer Zither oder Ziehharmonika, zu Klarinetten und sogar zu der Trompete, wie es gerade verlangt war.

Auf einmal rennt sein angetrautes Weib, die Lies zum Pfarrer und jammert, daß das kein Zusammenleben ist mit so einem Ehemann. Und daß was geschehen müsse. Der Bub ginge schon zur Schule und hätte auch schon die Musik im Kopf. Das würde sie aber niemals dulden.

»Ja«, meint Hochwürden, »wenn er nimmer mag und wieder zurück ist in sein Vaterhaus.«

»Vaterhaus! In sein Hirba«, unterbrach die Wendlhoferin. Und der Pfarrer fuhr fort: »Da die katholische Kirche eine Scheidung nicht kennt, schlage ich eine Separatio a toro et mensa, eine Trennung von Tisch und Bett vor. Dem Lateiner ist das Bett wichtiger wie der Tisch, weshalb er es voraus benennt. Dem Deutschen aber der Tisch.« »Das haben wir ja schon fünf Jahr'.« – »Gut«, sagte der Hochwürden, »dann lassen wir es oberhirtlich nur noch bestätigen.«

So geschah es. Und der Wastl war jetzt noch lustiger. »Heiraten darf ich halt nimmer, Marerl, aber dafür haben mir ja die Musik,« sagte er bald zu der und bald zu der.

Jetzt sind die meisten Musikantenstücke passiert. Einmal sind die Vürbacher Musikanten miteinand um halb zwei in der Früh vom Feuerwehrball von Wimpach heim. Da sehen sie wie es beim Keanadinger brennt. Lichterloh schlagt das Feuer aus dem Stadel und aus der Heuobern übern Stall. Sie helfen das Vieh retten und dann sagt der Wastl: »Löschen kemma net, also blasen wir und spielen einen auf bis die Feuerwehr kommt.«

Sie haben drei aufspielen müssen bis die Wehr gekommen ist. Einen Trauermarsch dazu. Das ist ein Bild gewesen. Der Hof verbrennt und neun Mann spielen auf, wie wenn es bestellt gewesen wäre. Es ist in die Zeitung gekommen. Die Wendlhoferin hat sich gefreut, daß das ganze Bezirksamt über ihren Mann gelacht hat. Sie ist immer gehässiger geworden seit der Trennung von Bett und Tisch. Und der Bub hat bei seinem Vater heimlich das Geigen gelernt. Der Wastl aber hat seinem getrennten Weiberl zum 50. Geburtstag mit der Geige ein Ständchen gebracht. Nicht allein, zu dritt sind sie gewesen. Eine Klarinette und eine Trompete dazu. Das wäre bald schlimm ausgegangen, indem die Lies den Hofhund abgelassen hat. Der Hofhund hat aber den Musikanten nichts getan. Er hat sich dem Geiger zu Füßen gelegt. – Die Lies hat daraufhin zur Peitsche gegriffen. Gott sei Dank hat sich der Sohn nicht mitgeigen getraut!

»Spiel'n ma' lieber in meinem Mühlstüberl, Freunde, indem mein Weiberl halt zu unmusikalisch ist!« Dort feierten sie ihren Geburtstag bis tief in die Nacht. Jetzt hat sich auch der junge Wendlhofer mitgeigen getraut. Aber nur zwei Stunden lang. »Daß ja die Mama nix merkt, laß ich die Geigen lieber bei dir, Vater.«

Der Herr gib ihm die ewige Ruhe, dem alten Musikanten! Er hat noch die alten und ältesten Musikantenbräuche gekannt. Auch auf dem Tanzboden. Das Einzehnerln zum Beispiel. Mit einem Strick sind da zwei Musikanten, während die restlichen Kollegen fleißig zum Tanz aufgespielt haben, um die Tanzenden herumgegangen, haben sie eingezäunt und haben von jedem Paar ein Zehnerl verlangt. Ganz gleich wer es bezahlt hat: sie oder er. Meistens natürlich er. Aber es hat auch streitbare Weigerer gegeben. Die hat man dann von der Tanzfläche verbannt. »Entweder der Sixthanse zahlt oder mir spielen nimmer«, hat der Kapellmeister verkündet. Daraufhin hat immer einer für den Unwilligen bezahlt.

Wann der Schützenverein nur 15 Mark Gesamthonorar bezahlt hat. Für neun Mann! Darum hat sich die Kapelle mit dem »Einzehnerln« aufhelfen müssen.

Der Wastl hat zweimal Zehnerln lassen: Um acht und um elf Uhr. Da sind dann doch noch acht oder neun Mark zusammen gekommen. So daß der Mann sechs und sieben Mark bekommen hat. Weil ja außer der Reihe manchmal ein Protz sich einen eigenen hat aufspielen lassen. Um meistens zwei-drei Mark. Vor dem ersten Krieg bereits! Die Herren Tänzer haben sich oft Monate über ein Musikantengeld zusammengespart.

Geld hin, Honorar her, der Murmüllner Wastl hat zur Ehre Gottes in der Kirche umsonst gespielt. Es fällt einem allerhand ein am Grab von so einem verdienten alten Musikus. Wie er einer total unmusikalischen Witwe das Zitherspielen beigebracht hat. Die Noten hat er ihr erst lernen müssen. Weil sie sich nichts hat merken können, hat er es ihr mit dem Poussieren gelernt. Die Achtl waren Bussis, die Viertl schon kleine Schmusettn, die Halben und die Ganzen fast Todsünden. Aber der Wastl hat den Spruch gehabt, den heute noch viele Musikanten nachsagen: »Ein geschwinder Aderlaß ist keine große Sünde!« Der Herr verzeih' es ihm! Das meiste hat er auf dieser harten, unmusikalischen Welt noch abbüßen dürfen. Er hat es auf der rechten Achsel gekriegt. Rheumatis oder Gicht. Die Achsel hat ihm, dem 76-jährigen, so weh getan, daß er den Geigenbogen nicht mehr hat streichen können. Das Zitherspielen ist noch gegangen. Auch die Klarinetten noch. Beim Horn ist ihm der Adam ausgegangen. Fünf Jahre später erst ist er erlöst worden. Mitten unter einer Zitherstund'. Freilich ohne Notenlehre.

Seine Beerdigung war selbstverständlich großartig, war ein schwarzes Volksfest. Und die Wendlhoferin hätte jetzt auf einmal Wert darauf gelegt, daß er in das Wendlhofer-Grab hinein sollt'.

Er hat aber hinterlassen: »Bei unserer gemeinsamen Trennung von Tisch und Bett, legt mich bitte ins Murmüller-Grab!« – Und das ist schon vor dreißig Jahren aufgelassen worden.

Heute noch wird ihm aber manchmal noch ein Vaterunser gebetet. Von einem Schüler dessen Kinder schon wieder Musikanten sind. Sehr beliebt ist er gewesen der Wastl.

Von den ganz alten Bräuchen, die er wieder aufkommen hat lassen wollen, ist das Lichtausdrehen auf dem Tanzboden die größte Gaudi gewesen. In urdenklichen Zeiten aber hätte man das die »Fotzdudelpause« genannt, wo die Tanzpaare haben schmusen dürfen.

Ein Vaterunser lang. Das soll sogar staatlicherseits erlaubt gewesen sein! Hat der Wastl gewußt. Und erst hat er Wert gelegt auf die alte Musikantensprache, auf den Butt und den Banft, auf das Essen und Trinken. Und auf eine schöne Krenmusch, auf eine schöne Braut.

Es gibt viele Musikantengräber: Im Tegernseer Tal und im Chiemgau, in Niederbayern und in der Oberpfalz in Schwaben und in Franken. Die Gräber sind schier vergessen. Nicht aber die alten Melodien.

Der Pfandlbräu

Lieber ein Liebespaar als ein Ehepaar, sagen sich heute manche Schlauberger. Früher konnten die meisten nicht heiraten, weil sie keine Existenz nachweisen konnten. Ganz anders der Pfandlbräu. Er liebte die Musik und hatte seine Büfettdame.

Originell war das Leben von Josef Pfandl, Brauereibesitzer in Greimelfing. Aber doch nicht zu seinem Stammbaum passend.

»I hab' mein Büfettdame und die glangt ma«, hat er jedem geantwortet, der ihn nach einer endlich zu erobernden Bräuin gefragt hat. S'Fräulein Magdalen macht ihr Sach' gut und um meine Wäsch' und um meine Anzüg' kümmert sie sich auch.«

Er war ein mittelständischer Brauer, aber mit renomiertem Wirtshaus und Biergarten. Und er ist seinen Gästen als durstiges Vorbild vorausgegangen. Sieben Halbe hat er jeden Tag zusammengebracht. An den Stammtischen manchmal acht. Zwischen Essen und Trinken machte er die Honeurs wie ein Hotelier in der

Großstadt. »Habe die Ehre, meine Herren Fahnenträger«, grüßte er da zum Beispiel am Stammtisch der Fahnenträger, den er selbst gegründet hat, die Gäste. Oder: »Wohl bekomms, meine Herren ehemaligen Ministranten«, rief er mit Verbeugung vor dem Stammtisch ehemaliger Ministrierbuben, den er ebenfalls ins Leben gerufen hatte. Aber nur vorkonziliare Meßdiener durften hier Platz nehmen. Herren, die noch das lateinische Confiteor oder Suscipiat beherrschten. Etwas betagte Katholiken also.

Er war originell, ein blendender Unterhalter und hat mindestens ein dutzend Stammtische gegründet. Zur Gründung auch jeweils etliche Maß Freibier gestiftet, daß so ein neuer Brauch gleich ein gewisses Ansehen bekommen hat. »Junge Pflanzen müssen begossen werden. Noch drei Maß an den Tisch der Wallfahrer!«

Wurde es halb zehn Uhr, sagte er jeden Tag zu seiner Büfettdame: »Frau Magdalen, geh' rum und mach' auch deine Honeurs, damit die Gäste erkennen, daß du meine Büfettdame bist und die Bräuin leicht ersetzen kannst. Auch darin, ich mein', im Honeur machen! Aber zieh' zuerst deinen weißen Schurz aus. Die Honeurs macht man nicht in der Dienstkleidung!«

Einer seiner vielen Sprüche hat geheißen: »Dös waar ja zum nüchtern werden!« Und »Himmi wahr is!« Wenn er das gesagt hat, dann war das so viel wie ein Eid.

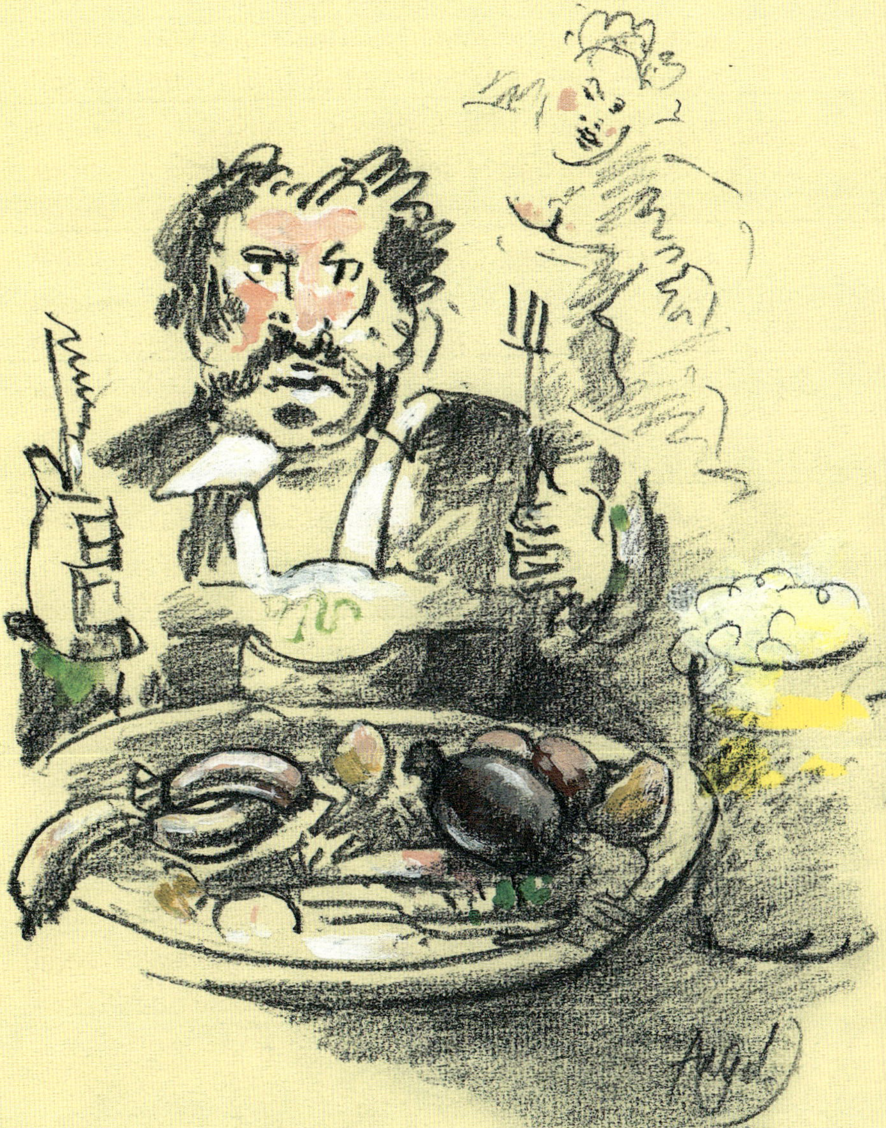

Weil die kleinen Brauer auch vom Fusionieren gehört hatten, dachte die benachbarte Oberbräuin an eine Fusion mit dem Pfandlbräu, da sie eben verwitwet war und ihre Tochter Medizin studieren wollte. »Heiret ma'hn zsamm den alten Junggsell«, sagte sie sich. Sie war verschuldet und der Pfandl war es auch.

»Gemeinsam hätten wir eine Chance weiter zu brauen«, hat sie ihn direkt angesprochen. Den Floh von der Fusionierung durch Heirat hatte ihr der Sparkassendirektor ins Ohr gesetzt. »Du bist dreiundfünfzig und ich einundvierzig. Wir passen zusammen!«

»Ich soll Dich heiraten? – Vor zwanzig Jahren hab' ich Dich schon net mögen. Nix da, ich brau' alleinig weiter. Und wenn ich nur noch halb so viel verkauf', aber mit Dir, Rosalie, fusionier' ich niemals. Himmi wahr is! – Ja, dös waar ja direkt zum nüchtern werdn! Ich hab' meine Büfettdame und die glangt ma.«

So direkt konnte nur, wie er sich gerne nannte: »Der besitzende gehobene Mittelstand es aussprechen.«

Folglos blieb seine Absage nicht. Die Oberbräuin verkaufte ihren Betrieb an eine Großbrauerei und machte Weltreisen. So etwas wäre dem Pfandlbräu nicht im Traum eingefallen. Er hing an seiner Heimat, an seinen drei Wirtschaften, an seiner altmodischen Ökonomie. Am glücklichsten war er bei seiner Liedertafel. Er dirigierte und spielte den Damen und Herren an seinem großen Flügel im Nebenzimmer die Werke begleitend vor. Bald mit dem Kopf, bald mit der gerade freien Hand die Einsätze gebend. In der Pfarrkirche getraute er sich sogar manchmal auf die Orgelbank.

Er sang mit seinem schönen kräftigen Baß laut mit. Und nach jeder Liedertafelprobe gab es ein Schlachtschüsselessen, was er aber wegen der erhöhten Cholesterinwerte nicht mehr tun sollte. Die Frau Magdalen, seine Büfettdame, ließ dem Herrn Pfandl plötzlich keine mehr servieren.

Jetzt war der Unfriede im Haus. Denn, gerade die Schlachtschüssel nach der Chorprobe jeden Mittwoch, hatte ihm immer sehr geschmeckt.

»Entweder ich krieg' wieder meine Schüssel oder ich verkauf' die gesamte Pfandlbrauerei«, drohte er ihr an. – »Dann geh' ich in die Rente und du bist meine Büfettdame gewesen.« – Da ließ die gute Magdalen ihm doch wieder die Schüssel servieren. Und passiert ist nichts. »Na also! Alles weiß unser siebengescheiter Herr Doktor auch nicht. Heute hat die Medizin schon wieder andere Standpunkte.«

Mit dem Biertrinken war es ähnlich. Nicht mehr sieben Halbe, höchstens noch vier, hätte er trinken dürfen. »Da möchst ja gleich nüchtern werdn! – Wer soll denn dann unser Bier saufen? – Die Stammtischler werden allerweil weniger. Da dran ist das Fernsehen schuld. – Und die Raffinesse von den heutigen Ehefrauen!« Behauptete der immer kleiner werdende Brauereibesitzer. »An unserem Unglück sind nur die immer schöner werdenden Frauen schuld. Wir brauchen aber böse Beißzangen daheim, dann gehen die Männer wieder an den Stammtisch!« Er war über die Schönheit einer Braut immer ungehalten. »Nur eine Schönheit habens, aber keine anständige Mitgift.«

Schon Anfang der achtziger Jahre sah er seinen Untergang voraus. »Aber: wenn wir Brauer zugrunde gehen, dann geht auch unsere Kultur nieder, Himmi wahr is! Was ist Europa ohne mittelständische Bräu?«

Er hatte sich nicht getäuscht. Europa ist immer wirklicher geworden und die kleinen bayerischen Bierbrauer aber immer weniger. Und auf einmal hat auch für den Pfandlbräu von Greimelfing die Stunde der Wahrheit geschlagen.

Der Wald war abgeholzt, die Baugründe waren schon verkauft. Nicht einmal der Stammtisch der Königstreuen brachte noch mehr als zwei-drei Männer zusammen. Der beste Trinker ist er immer selber gewesen. »Weil es grad wurscht ist jetzt, ich versaufe die Brauerei, die 240 Jahre lang bestanden hat.«

Plötzlich hat ihm der Raiffeisendirektor den Kredit kündigen müssen. Es seien mittlerweile fast zwei Millionen Soll zusammen gekommen. Denn entlassen hatte der Pfandl keine Mitarbeiter. »Haben eh schon zu viele Arbeitslose. Mein Buchhalter bleibt. Der Herr Braumeister auch. Desgleichen der Koch und die zwei Küchenmadl. Und ganz besonders bleibt natürlich die Frau Magdalen, meine Büfettdame.«

»Heute denke man zuerst an die Rendite«, Herr Pfandl. »Die Amerikaner haben das immer schon getan.«

»Hörns mir mit die Amerikaner auf, die haben mehrer Raketen wia mir in Bayern, aber nicht so viel Brauerein!« – Aber er wußte es selber nicht mehr, wie viele es im Bayerischen noch Kollegen gegeben hat. Mitte der neunziger Jahre?

»Tausend noch oder grad noch neunhundert? Nach dem Krieg waren es noch dreitausend gewesen. Himmi wahr is!« Und jetzt grad noch 560? –

Sein Cousin, der bald in Pension gehende Münchner Bankdirektor, beziehungsweise Filialleiter, konnte ihm auch nicht mehr helfen. Also mußte er sich dreingeben. Die Pfandlbrauerei wurde von der Raiffeisenbank an eine Münchner Großbrauerei verkauft. Und die Schulden konnten gerade beglichen werden. Geblieben sind keine fünfzigtausend. »Ja mei, dös ist die Zeit! Das sind die Promille und die allerweil schöner werdenden Frauen. Da trinkt ein jeder sein Bier daheim vor seinem Fernseher! Sogar die Singles!«

Die Veränderung ist dem Herrn Pfandl nicht mehr spürbar geworden. Denn die Münchner Brauerei hat den Gasthof Pfandlbräu der Frau Magdalen, der Büfettdame, zur Pacht übergeben. Und die Frau Magdalen hat ihren ehemaligen Herrn im Hause behalten, in dem sie jetzt die Chefin war. – Der Pfandl hat sein gleiches großes Schlafzimmer gehabt, seine alte Stiege, seine Gaststube mit dem großen Büfett, die Küch', den Biergarten und das Nebenzimmer mit dem Flügel, in dem noch jedes Monat freilich nur mehr, die Liedertafelprobe abgehalten worden ist. – Der Pfandl hat vom Verkauf oder »auf die Gant kommen« gar nichts gespürt. Er hat sogar seine alte Hauskapelle behalten dürfen. Und natürlich seine Büfettdame! Der er jetzt – in seinem sechzigsten Jahr einen Heiratsantrag gemacht hat. »Wennst mich magst, Frau Magdalen, Himmi wahr is!«

Die Frau Magdalen hat sich zwar etliche Wochen gegen eine Heirat gesträubt. Obwohl sie um fast elf Jahre jünger gewesen ist. Sie hat es ihm auch ins Gesicht gesagt: »O mei, Miche. 25 Jahr hab' ich gewartet auf einen Antrag. Und es hätt' mich sehr gefreut. Da hast nix gsagt. – Da war ich allerweil nur deine Büfettdame. Und jetzt, weil es dir schlecht geht und dir nichts mehr gehört, jetzt mögst mich heiraten?« »Geh' Magdalen, du bist eine gute Büfettdame gewesen, es ist dir doch nichts abgegangen. Du bist auch eine gute Gemahlin. Außerdem hab' ich noch meinen Waldboden, wenn auch ohne Bäume. Aber die wachsen in siebzig Jahren wieder nach.«

»Ja dann, Michl, geh' her zu mir, ich heirate dich!« – Sie war halt eine gute Haut, die Frau Magdalen. »Himmi wahr is!«

Besuche von Musikantengräbern

Im November – zwischen Allerheiligen und dem Volkstrauertag – suche ich gerne Musikantengräber auf. Das ist ein besonderes Erlebnis: Das Grab und die Volksmusik. Da wird einem das Leben und das Sterben leichter. Im Münchner Waldfriedhof gleich, steht die steinerne Orgel, die an Max Reger erinnert. Obschon seine Witwe die letzten Kriegsjahre bei meinem Bruder evakuiert gewesen ist und uns einige Anekdoten erzählt hat. Wie der große kräftige Max Reger einmal am Flügel spielend in das zu früh klatschende Publikum gerufen hat: »Öha, es is no net aus!« Oder einem Kritiker geschrieben hat: »Ihre werte Kritik hab' ich – im kleinsten Orte meiner Wohnung sitzend – vor mir, bald werde ich sie hinter mir haben.« –

So ernste große Musikergräber such' ich nicht. Eher in Bamberg das Grab von dem Zithervirtuosen Georg Freundorfer. Seine Frau war eine Bambergerin. Darum liegt er in Bamberg. Der hat eine Zither gespielt, so gut wie der Rudi Knabl heute es noch kann.

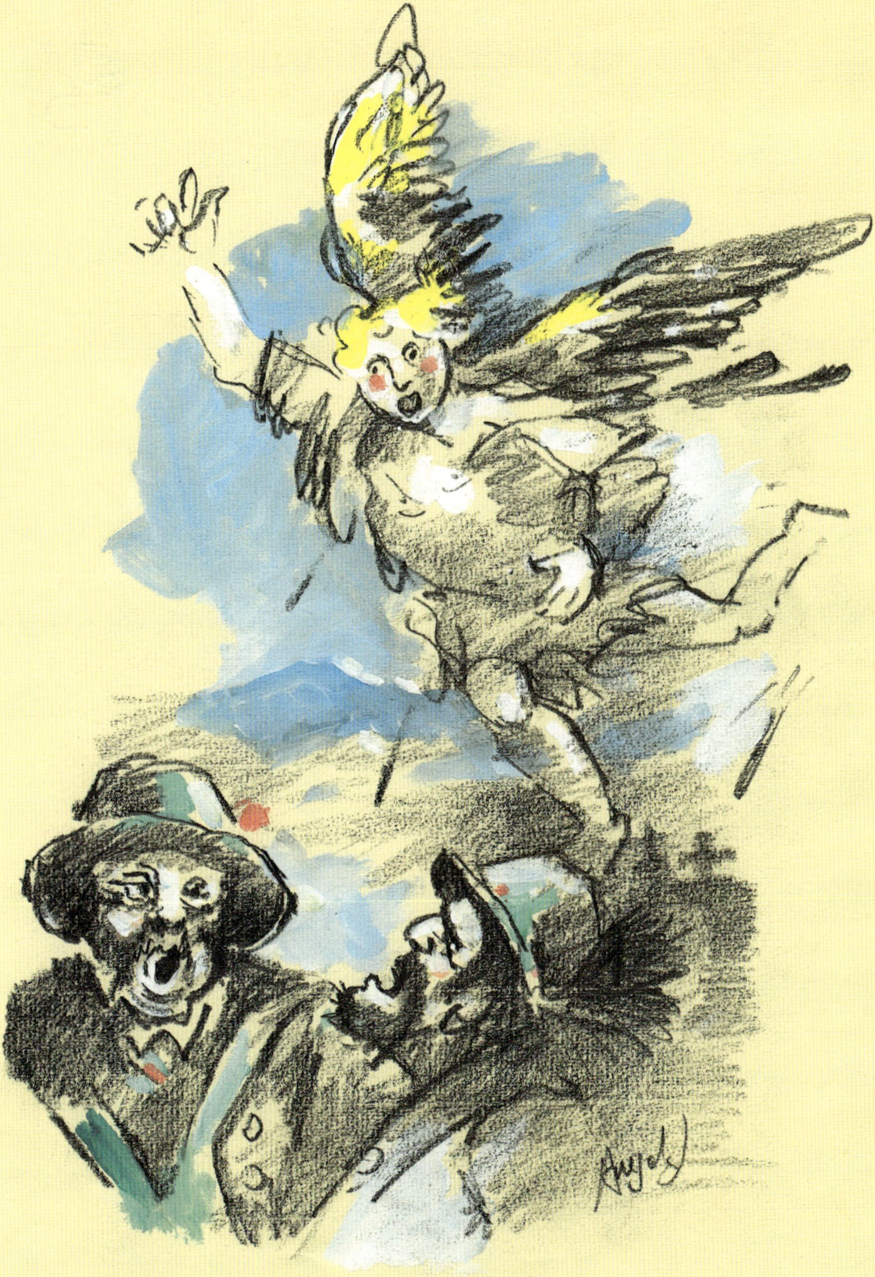

Darum folgen Sie mir an so manches singende und klingende Grab! Auch bekannte Sängerinnen müssen sterben. Obwohl ich es selber gehört hab', wie der Kiem Pauli zu den Fischbachauer Dirndln gesagt hat: »Ihr habts so schön gsunga heut, ihr brauchts net sterbn – oder höchstens 50 Jahre nach meiner!«

Ja der Kiem Pauli! Zu seinem Grab im Friedhof von Kreuth, hinten im Tegernseer Tal wallfahrten wir gern. Das war ein Mann! Der Herzog Ludwig Wilhelm in eigener Person hat seinen Sarg vom Wildbad bei der Nacht zum Kreuther Friedhof gefahren. Mit seinen Haflingern. Und die Gräbnis war ein schwarzes, nein, ein weißblaues Volksfest gewesen. Gesungen ist worden, daß es ins ganze Bayernland hinaus geklungen hat.

Und allerweil klingt mir seine Stimme in Ohr und Herz: »Hops drah di aussi, drah di...!«

Natürlich, die Tegernseer haben immer schon die besseren Musikanten gehabt. Aber was sag' ich, ganz Bayern ist voller Musikantengräber! In jedem Dorffriedhof liegen sie. Alte Kapellmeister und Notenschreiber, die uns die schönsten alten Landler und Schuhplattler und Märsche überliefert haben. Zum Beispiel der Überseer Fischer Sepp. Ein jedes Mal, wenn ich an seinem Grab steh' – oder an dem von seinem Bassisten, dem Radlschuaster-Nik – dann hör' ich nicht nur die vielen Weisen und Prozessionsmärsche, die sie unvergleichlich fromm geblasen haben. Nein, auch ihre übermütigen Schuhplattler höre ich stampfen und jauchzen. So lustig kann man so etwas auch nur zur Ehre Gottes blasen. Ja meint der Sepp: »Prozessionsmärsch' san dös koane. Unsere Prozessionsmärsch' stammen aus der Mozartzeit. Von ihm und vom Adlgasser.«

In Riedering kennt man das Grab von Sepp und Georg Staber, zwei Brüder, die zwei Säulen der alten »Riederinger Buabn« gewesen sind und Kiem Paulis Freunde. Mit dem Zitherspieler, dem Kramer Wast und dem Peter Staber, dessen Grab an der Wallfahrtskirche zu Neukirchen – Gemeinde Riedering – zu finden ist, haben die Riederinger über ein Menschenalter lang viele alte bayerische Volkslieder in Stadt und Land, im Radio und im Fernsehen gesungen. Besser als es sich träumen läßt. Ihr Tenor und ihr Baß bleibt einem im Ohr und ihr bäuerischer Rhythmus hat einen Riß gehabt, daß sie einen Engel aufgeschreckt haben.

Wenn sie so fromme Meßgesänge hören haben lassen, wie ihnen die Annette Thoma gedichtet und komponiert hat, dann dürfen sie auch in der himmlischen Seligkeit weiter singen. Und liegt die Annette Thoma auch auf dem Riederinger Friedhof.

Dann wieder tönt es voller Harmonie (oder dagegen) und trommelnd überdeutlich zugleich. Da kann ein schlichter Volksmusikant nicht mithalten. Sein Epitaph fällt einem in der Schmerzhaften Muttergotteskapelle zu Andechs in die Augen. Ein zweiter Richard Wagner? Das Grab des Komponisten Carl Orff. Er ist kein Volksmusikant gewesen. Hat aber doch die Volksmusik geschätzt. Erst neulich hat mir eine Dame erzählt: »Ich war bis zu seinem Tod bei ihm bedienstet. Und stellen Sie sich vor: Jeden Dienstag um sieben Uhr zehn, hab' ich ihn holen müssen und er hat gesagt: »Jetzt kommt das Königlich Bayerische Amtsgericht, das schau ich mir gerne an. Und auch die Amtsgerichtspolka vom Kollegen Rosenberger hör' ich mit Genuß.« Das hat mir natürlich gewaltig imponiert. Wenn sogar der große Carl Orff, sowas sehen und hören hat wollen.

Darum besuche ich jedes Jahr im Münchner Nordfriedhof das Grab von Raimund Rosenberger. Das war noch ein Musikant und ein guter volkstümlicher Komponist, daß wir ihn schon wieder als Volksmusiker anhören dürfen.

Wer die bayerische Volksmusik gerne hört, darf sterben jeden Tag, der braucht sich in der Ewigkeit nicht fürchten, sagt im Himmel die Heilige Cäcilia. Darauf kann man einen Eid leisten. Darum dürfen wir im Kreuther Friedhof, ganz in der Nähe Kiem Paulis, das Grab Karl Edelmanns nicht vergessen. Er hat die Waakirchner über Jahre auf der Zither begleitet. Auch jedes Jahr in Gammelsdorf bei der Exclamation. Wo die Waakirchner unvergessen das schöne Lied »Er war ein König Zoll für Zoll« gesungen haben. In dem auch von den »himmelblauen Augen, die man an jedem Wittelsbacher kennt« die Rede ist.

Und hat der Edelmann Karl nach dem Krieg gleich die Ottobrunner Volksmusik gegründet. Ab 1958 war er dann bis ans Lebensende bei den Waakirchnern gewesen. Die mehreren sind ja gottlob noch am Leben, der Kramerl und der Hasler und der Gottfried Sepp. Aber den März Xaverl müssen wir im Waakirchner Friedhof heimsuchen.

Die Waakirchner Sänger und die Riederinger Buabn waren dem Kiem Pauli schon die allerbesten und liebsten gewesen. Dazu hat es auch einmal die Waakirchner Buabn gegeben.

Kein Adventsingen ohne die Waakirchner oder Riederinger. Da wird es in jedem Herzen Weihnachten, wenn sie den Engel des Herrn anstimmen: »Der Engel des Herrn brachte Maria die Botschaft…« Dagegen kommt kein neumodisches Kirchenlied auf. Wenn mir gar nichts mehr einfällt, dann höre ich diesen männlichen Kirchengesang.

Und wenn das noch nichts hilft, dann denk' ich mir: Jetzt wär' der Tölzer Schützenmarsch recht, einer der schönsten Märsche Europas. Nichts Militärisches ist an ihm, nur Festzügliches von einer Fahnenweihe, nur die Schneid unserer Burschen und die stolze Schönheit unserer Dirndln. Und komponiert hat ihn ein Tölzer Brauereibesitzer. Wie es halt schon in dem alten Spruch heißt: Tölz und Arding, Vilshof und Scharding – in Bayernland der Orte vier, wo man trinkt das beste Bier.

Musikantengräber gibt es viele. Daß man gar nicht das Aufzählen anfangen darf. Denn das Grab ist unser Ziel, wie die kadenzierende Schlußcoda eines Landlers. Drum sind wir lustig, wie die Musikanten, denn die Traurigen müssen auch sterben.

Millionen rasen auf der Autobahn direkt am Frasdorfer Friedhof vorbei. Hier ruht der Fanderl Wastl, der sich nach Kiem, so sehr um die Volksmusik verdient gemacht hat.

Denken wir auch an die Salzburger, an den Domorganisten Adlgasser, der in seiner Heimatgemeinde Inzell um 1760 die erste neuere Blaskapelle einstudiert hat. Er, der fürsterzbischöfliche Organist und Trauzeuge Leopold Mozarts! – Bis Tobi Reiser haben die Salzburger uns vorbildhaft angeregt.

Vergessen will man keinen. Darum rufen wir gleich die Heilige Cäcilia an, der sowieso die Volksmusik lieber ist wie manch neukomponiertes Diatonisches.

Eine Ausnahme macht da vielleicht der Schranner Peter, mein Freund und Komponist. Wie er noch gelebt hat – vor 1979 da hab' ich noch manchmal Verse gereimt, die er komponiert hat. Und die allerbesten Lieder haben wir sogar in der Volksmusik senden dürfen. Als Madrigale! Sein Grab – sein viel zu frühes – ist auch im Münchner Nordfriedhof. Peter Schranner stammt aus Gammelsdorf und das November-traurigste Lied, das wir gemacht haben heißt: »Die Welt, die is a lumpigs Haus, und s'Elend geht gar nia net aus! Drum pfüat die God, du liabe Hirwa, an Himmi drobn, da is ma liaber.«

Aber auch die Gammelsdorfer Hymne hat er vertont, in der es heißt: »Wir brauch'ma koan König, aber schöner wär's. Und kosten tät's und eher net so viel... Die Heimat seufzt nach einem schönen König...« Nur der Not keinen Schwung lassen! Im Himmi drobn kommen wir alle wieder zsamm, wenn ein Glück dabei ist!

Eines von den lustigsten und übermütigsten Musikantengräbern – ist das vom Krauden Sepp aus Gaisach. Natürlich kann ein Grab nicht übermütig sein! Gott bewahre!

Aber der Zitherspieler und Sänger, der da drin liegt, ist als Volksmusikant unsterblich. Seine Zither hat einen »Riß« gehabt. Und seine Stimme eine kräftige bäuerische Brüchigkeit. Seine Schnaderhüpfl bleiben einem im Ohr: Zwoa Bettlmanner und an Eisenbahner, a Klaubauf und a Nikolo: Die san miteinander nach Altötting ganga und sand heit no net da.

Laudate Dominum de caelis! (Lobet den Herrn vom Himmel her!)

Das Ernte-Bier

Im August geht die »Ahrnt«, die Ernte, auf die Letzt'! Dann gibt's das Ahrnbier, das Erntebier. Das letzte Fuder Hafer haben wir am großen Frauentag heimgefahren. Eine sündige Festagsschändung? Doch der Herr Pfarrer hatte es wetterbedingt erlaubt.

Jetzt, nach der nimmermüden Geste des Erntens, hat man aufgeschnauft und das kleine Fest des Erntebiers ist gefeiert worden.

Weizerne Küacherln mit Hoaberntauch oder einer Zwetschgenbrühe aus dem Vorjahr, gebratene Gockerl, gut gefüllt, ein frisches kälbernes Schnitzel auf manch rarem Platz. Und Bier nach'm Gusto. Was einer nur grad hat trinken können. Vor lauter Essen und Trinken hat man aber die Musik nicht vergessen. Zwei Ahrnerknecht haben singen können. Der Onkel Max hat die Zither geschlagen. Es ist immer fideler geworden.

Auch die Liebe haben wir nicht vergessen. Die Jungdirn Kathi, die Mitter-Magd Katharina mit ihren siebzehn Jahren hat mir fleißig nachgerichtet. 14 Tag' beim Korn- und Weizenmähen. Bei der Gerstn und beim Hoabern hat sie selber bereits mit einer kurzen Sense mitgehauen. Und ich hab' ihrer nach jeder Mahd wetzn dürfen. Da hab' ich ihr schon amal dös zwiedeutige Schnaderhüpfl vorgschmatzt: Beim Wetzn von ihrer Sansn: »Hab' i net an schöna Wetzstoan? D'Leut' sang, i sollt'n wegtoan. S'Mensch sagt, i sollt'n ghaltn, mein Wetzstoan, den Altn.« Da hat sie gelacht dazu. Den erstn Tag no net, aber nach ara Woch' schon! – Dös laßt se denka, daß i mi aufs Ahrnerbier gfreut hab'. Net grad auf die Woaza-Küache. Wird ja auch getanzt werden, in Gottes Namen?

»Kathi, Kathi, i kann dir no lustigere Liadln vorsinga heut!« »Na, Micherl, mir glangts« hat sie gschamig do. Da, aufamal sagt endlich der Bauer: »S'Tanzn schickt se grad net am heutigen Tag. Aber wir leben nimmer im Mittelalter. Also auf geht's! I tanz' mit der Bäuerin, der Sepp nimmt sein Lies und du derfst es mit deiner Nachrichterin probieren. Wannst es überhaupt schon kannst, mit der Kathi.«

Freilich haben wir es gekonnt. Wir haben sogar mit Schwung in den Hausflötz hinaus getanzt, wo nur eine 15 Watt Birne gebrannt hat. In der großen Flötz, im gewölbten Hausgang, da ist es schier finster gwen und da hab' ich die Kathi fest an meine Brust gedrückt. Und sie hats derlittn. Dann bin ich ganz frech wordn und

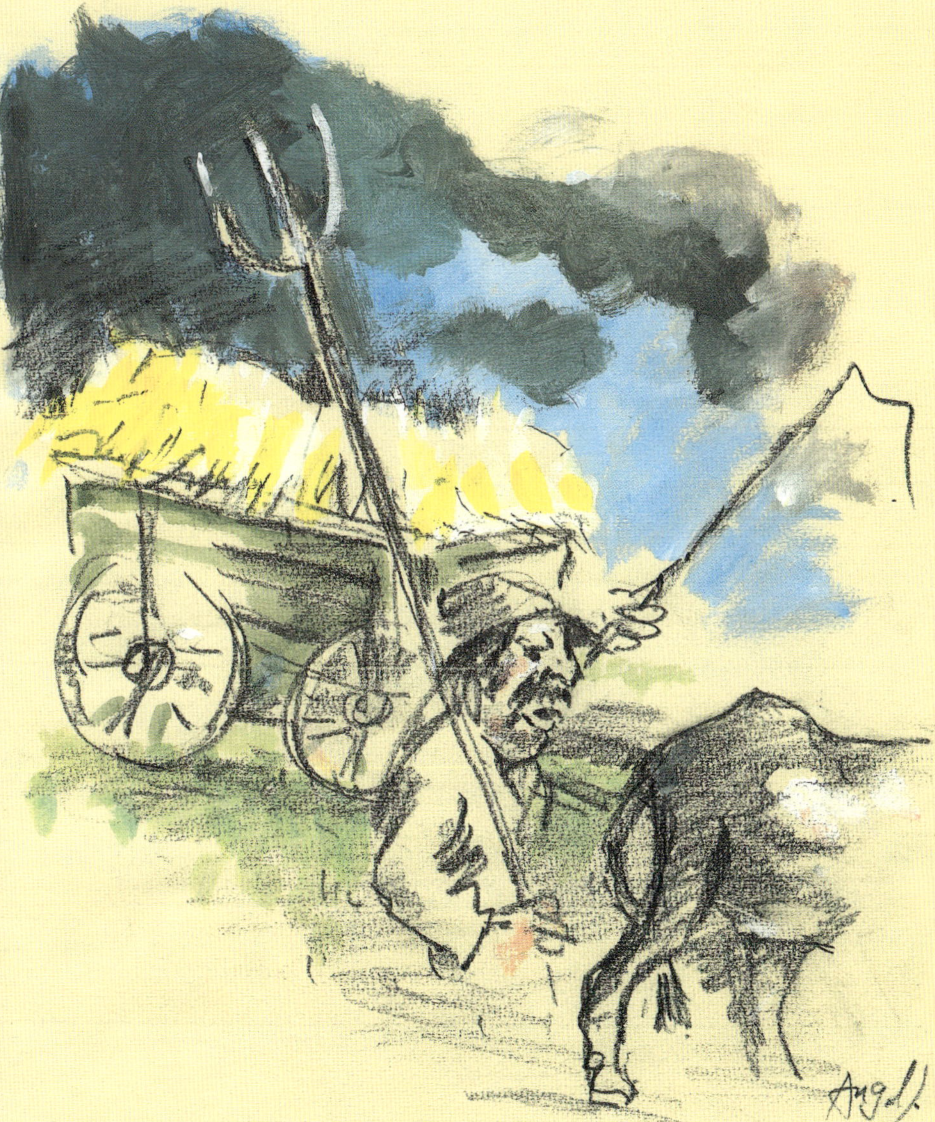

hab' ihra a Busserl gebn wolln. Iatz hat mir der Simmerl einen Rennerer gebn. Er hat mit seiner altn Fanny neben meiner aa bereits in der Flötz tanzt. Auweh denk' i mir: Der hat ebbas gega uns. Allsamt tanzn iatz aufamal in der Flötz? – No ja, laß ma' uns mit der Schmuserei halt no' a wenig Zeit. – D'Bäuerin hat grad dös zwoate Faß Bier angstocha. Ein Prosit der Gemütlichkeit! Iatz is wieder trunka wordn. Muaß aa sein, Kathi.

Darauf hat die Bäuerin mit ihrem Kuchlmensch nomal a kloans Schnitzerl serviert. Und i hätt' wieder auf an Tanz mit der Kathi spekuliert. Gegessen hätt' ich mir schon genug gehabt. Sie is mir halt nimmer ausm Kopf ganga. Wenn oane 14 Tag hinter deiner nachiricht, die Garben mühsam bindet von deiner Mahd. Dös führt oan zsamm. Sowas bringt man nimmer ausm Kopf. »Kathi, woaßt es no, wias'd nimmer könnt hast. Wia i dir zwoa Garben hab' aufklaubn ghoifa? – Dös muaßt doch no wissen? Hast ma gar a Vergelts Gott gsagt damals. Heut waar der Tag da, wo du dich dankbar zoagn kannst!« – Mir hat dös Schnitzerl nimmer gschmeckt. I schaug grad no zum Musikantn hin, ob mir net nomal tanzn derfatn! – He spui auf! – Aber er greift zu seim Krüagerl. Is halt a Musikant. Endlich fallt dem Harmonikaspieler a Melodie ein. Und die sangesfreudigen Erntehelfer aus dem Wald, die

Waitler, haben mit Löffeln rythmisch dazugeschlagen.

Der Bauer fangt glei s'Tanzen o. Aber, mit wem denn? Öha, hätt' i am liabsten aufgschrian. Er holt sich mein Katherl. Und sie geht mit. I trau' mir kaum hinzschaun. Ihr Kittlzeug fliagt. Und gschamig schaugt sie zu eahm auf. Und er druckt sie aa net wenig. – Ja, derfs denn so was gebn? – I kannt woana und fluacha. Wann i älter waar, taat i's eahm zoagn dem Bauerndada, dem stolzn! – Aber i bin halt schon allerweil a Gscheiter gwen und hab' koa Raufferei angfangt mit an Großbauern.

Nix da! Iatz hol' i mir die Bäuerin. Dös sagt vui gnua aus. Und fleißig. Die Bäuerin mit ihre 40 Jahr' gibt mir koan Korb. Sie lacht zwar a wenig, aber tanzt mit mir recht zeahm. Daß es mir direkt woi tuat. Iatz Bauer paß auf, iatz druck' i dei Bäuerin her, daß du eiferst! – Aber na, er eifert net.

Endlich schreit der Oberknecht: S'trinka net vergessen. Prost! Und die Musikanten, laßns wieder obirinna. Es is schon bald halbe elfe! Und mir werdn langsam müad.

Ich denk' zruck an die harte Ernte vor sechzig, vor hundert Jahr'. Damals hat man noch müd' sein dürfen. Z'müad schier zum Essen und Trinka. Höchstens a jungs Madl hat oan wieder munter macha könna. Wenns mögn hat. Und wenns mögn hätt', hat sie se net traut. Indem die Dirndln damals a fürchterliche Angst vor der Liab ghabt haben. Zwengs die gestrengen Standespredigten der Herren Kooperatorn. Und der Angst vom Kinderkriegen.

Heut haben sie's nimmer. Und Erntebier gibt's auch nicht mehr. Für wen denn? – Für den Mähdrescher? – Es ist alles leichter geworden: Die Arbeit und die Liebe – Grad d'Musi is uns bliebn. Die alte schöne Volksmusik.

Das unterhaltsame Kunstbuch über Bad Reichenhall

Georg Lohmeier, bekannt durch das »Königlich-bayerische Amtsgericht« oder »Liberalitas Bavariae«, schrieb die Texte zu diesem Buch. Mit seinem Humor und seinem Charme hat er das Buch zu einem Muß seiner Fans gemacht, aber auch jeden anderen wird es in den Bann ziehen.

Das Buch »Bad Reichenhall – künstlerisch und historisch« ist eine Idee von Walter Angerer der Jüngere, der seine Heimatstadt einmal so vorstellen wollte, wie sie nicht jeder kennt. Kunstvolle Bilder und Zeichnungen des Malers zeigen Schmuckstücke dieser wundervollen Gegend.

»Dieses Buch ist ein Schmankerl.«
Wolfgang Heitmeier
Oberbürgermeister von Bad Reichenhall

100 Seiten mit
70 farbigen Abbildungen
Preis: DM 42,–   € 21,50
unverbindliche Preisempfehlung

Ein außergewöhnliches Buch für alle Freunde dieser Stadt und der reizvollen Umgebung. Mit Bildern des bekannten Künstlers Angerer der Jüngere und Texten des erfolgreichen Schriftstellers Georg Lohmeier.

2. erweiterte Auflage

Der Chiemgau
in Geschichten und Bildern

Der Dichter Georg Lohmeier und der Maler Angerer der Jüngere haben gemeinsam etwas Besonderes geschaffen. Liebevolle historische Geschichten von Georg Lohmeier und poetische Bilder von Angerer dem Jüngeren geben diesen Büchern etwas Einzigartiges.

Chiemgau –
Geschichten und Bilder
Georg Lohmeier
Angerer der Jüngere

Reproduktionen von Gemälden und Grafiken, unveröffentlicht, zum Großteil für das Buch geschaffen.

180 Seiten mit
68 farbigen Abbildungen und
59 s/w Zeichnungen
Preis: DM 58,– € 29,80
unverbindliche Preisempfehlung

Ein Kunst- und Leseband

Allerhand Begebenheiten

Mit neuer Sichtweise stellt der Maler Walter Angerer, den Chiemgau dar. Mit seinem besonderen Stil läßt er dieses Buch zu einem Kunsterlebnis werden. Zu seinen Bildern liefert der Dramatiker und Historiker Georg Lohmeier adäquate Texte, die meist genau so komisch und facettenreich Land und Leute beschreiben, wie sein wohl bekanntestes Werk, das „Königlich Bayerische Amtsgericht". Wichtige historische Informationen verbindet er mit Anekdotischem, so daß die „trockene Geschichte" vielfach lebendig aufgefrischt wird. Ein Kunst- und Lesegenuß!

Geschichten rund um Weihnachten

Wie zwei sich auf dem glühweindurchtränkten Christkindl-Markt kennen lernen. Wie eine Mutter mit ihrem Lausbuben eine Christkindl-Wallfahrt macht, wie sie im 21. Jahrhundert Weihnachten feiern werden, wie Herren eines vornehmen Clubs ohne Christkind den Hl. Abend zubringen wollen? Das und vieles mehr sind die Themen von Georg Lohmeiers hintergründiger und doch humorvoller Erzählkunst. Aber jede seiner Advents- und Weihnachtsgeschichten hat einen frommen Klang.

240 Seiten
Gebunden mit Schutzumschlag
Preis: DM 34,80   € 17,80
unverbindliche Preisempfehlung

Ein besinnliches Lesevergnügen

Georg Lohmeier erzählt in 32 Geschichten Besinnliches, Amüsantes oder Nachdenkliches rund um das Weihnachtsfest. Ein Buch zum Lesen und Vorlesen.